法治中国进程中的乡村治理问题研究

李 晓 编著

红旗出版社

图书在版编目（CIP）数据

法治中国进程中的乡村治理问题研究 / 李晓编著．
— 北京：红旗出版社，2019.12
ISBN 978-7-5051-5022-5

Ⅰ．①法⋯ Ⅱ．①李⋯ Ⅲ．①农村—群众自治—研究—中国
Ⅳ．① D638

中国版本图书馆 CIP 数据核字（2019）第 254560 号

书　　名	法治中国进程中的乡村治理问题研究			
编　　著	李　晓			
出 品 人	唐中祥	选题策划	盘黎明　刘险涛	
总 监 制	褚定华	责任编辑	毛传兵	
出版发行	红旗出版社	地　　址	北京市沙滩北街 2 号	
邮政编码	100727	编 辑 部	010–57274526	
E – mail	hongqi1608@126.com			
发 行 部	010–57270296			
印　　刷	北京卓诚恒信彩色印刷有限公司			
开　　本	880mm×1230mm　1/32			
字　　数	190 千字	印　　张	7.75	
版　　次	2020 年 1 月北京第 1 版	印　　次	2020 年 1 月北京第 1 次印刷	
ISBN 978-7-5051-5022-5		定　　价	45.00 元	

欢迎品牌畅销图书项目合作　联系电话：010 – 57274627
凡购本书，如有缺页、倒页、脱页，本社发行部负责调换

"中国梦·和天下"社区治理丛书暨红旗出版社智库书系丛书编委会

主　　任： 李屹立　仓梓剑

副 主 任： 冯秋婷　唐忠新　丁　朋　张　砥　毛传兵
　　　　　　 杜达卫

执行副主任： 盘黎明　张红喜

编　　委： 刘险涛　穆有帅　张　华　张恒斌　祁　剑
　　　　　　 白　洁　王永生

目 录

导 论 …………………………………………………… 1
　一、问题的提出与研究意义 …………………… 1
　二、国内外研究现状与评述 …………………… 2
　三、研究方法与本书结构 ……………………… 9

第一章　中国乡村治理的历史演进及其特点 …………… 1
　第一节　中国传统社会的乡村治理历史演进 …… 2
　　一、传统中国乡村治理的历史演进 ………… 3
　　二、传统中国乡村治理历史演进的法理分析…… 5
　　三、传统中国乡村治理经验的现代价值 …… 18
　第二节　近代中国乡村治理及其当代意义 ……… 23
　　一、晚清乡村治理理论与实践 ……………… 24
　　二、民国时期乡村治理及实践 ……………… 26
　　三、民国时期乡村治理制度的当代价值 …… 30
　第三节　共产党领导下的乡村治理嬗变及经验 …… 32

一、新中国成立之前共产党早期
　　　　乡村治理模式 …………………… 32
　　二、新中国成立后到取消农业税
　　　　之前的乡村治理 ………………… 33
　　三、后税费时代的乡村治理 ………… 38
　　四、乡村治理模式演变的原因分析 ………… 39
　　五、乡村治理实践经验 ……………… 41

第二章　法治中国进程中乡村治理的现状与瓶颈……… 43
　第一节　法治中国进程中乡村治理的现状 ……… 43
　　一、法治中国进程中乡村治理的结构 ……… 44
　　二、乡村治理主体呈现多元特点 …………… 53
　　三、乡村治理对象的多样性 ………………… 57
　第二节　法治中国进程中影响乡村治理的因素 …… 60
　　一、城市化进程对乡村固有生态的冲击 …… 61
　　二、信息化对乡村发展的影响 ……………… 69
　　三、法治化对乡村治理的影响 ……………… 73
　　四、现代化对乡村秩序的影响 ……………… 77
　第三节　法治中国进程中乡村治理的瓶颈 ……… 81
　　一、差序格局：传统与现代的冲突 ………… 82
　　二、权利失语：权力与权利的冲突 ………… 84
　　三、行政失范：自治与他治的冲突 ………… 89

四、价值迷失：平等与民主的悖论 ············ 92

第三章 法治中国进程中乡村治理的转型与发展趋势 ······ 95
　第一节 法治中国进程中乡村治理的转型 ·········· 95
　　一、制度转型：政策、乡规民约与法 ········· 95
　　二、政治转型：简政放权 ·············· 101
　　三、模式转型：管理、自治与共治 ········· 102
　　四、环境转型：熟人社会到半熟人社会 ······ 103
　　五、理念转型：行政管理到多元治理 ······· 105
　第二节 法治中国进程中乡村治理的趋势 ········· 113
　　一、治理模式制度化趋势 ·············· 113
　　二、治理主体多元化趋势 ·············· 123
　　三、治理法治化主导趋势 ·············· 125
　　四、治理结构科学化趋势 ·············· 127
　第三节 乡村治理转型与趋势动因分析 ·········· 130
　　一、受社会转型与国家治理大趋势的影响 ····· 131
　　二、中国共产党执政理念与政策的引领 ······ 140
　　三、农耕文明向商工文明转型的影响 ······· 144
　　四、城乡与区域资本分配影响
　　　　乡村治理转型 ················ 148

第四章　域外乡村治理模式及其经验借鉴……………151
　第一节　域外乡村治理模式简介 …………………151
　　一、韩国乡村治理 ……………………… 152
　　二、美国的乡村治理 …………………… 153
　　三、欧盟的农村社会管理模式 ………… 155
　　四、巴西乡村治理模式简介 …………… 157
　第二节　域外乡村治理模式比较 ………… 159
　　一、自治的程度与方式比较 …………… 159
　　二、治理结构与主体的比较 …………… 160
　　三、治理对象与目标的比较 ……………161
　第三节　域外乡村治理模式的启示 ……… 162
　　一、自治与政府治理有机结合 ………… 162
　　二、权力与权利边界清晰 ……………… 163
　　三、乡村公共品供给有保障 …………… 165

第五章　法治中国进程中乡村秩序的重构……………167
　第一节　法治：自然演进与外力推动并行 ………167
　　一、法治演进的不同模式之比较 ……… 168
　　二、乡村秩序重构中的法治 …………… 174
　　三、乡村秩序重构中法治的推进 ………176
　第二节　权利：权利保障与权力制约并存 ………179
　　一、权利保障在乡村社会的内涵及举措…… 180

二、权力制约在乡村社会的内涵与举措…… 182
第三节　秩序：本土传统与现代化的
　　　　 冲突与融合 ………… 183
　　一、乡村社会传统秩序需要甄别后
　　　　有选择地恢复 ……………… 184
　　二、不适宜乡村的东西不宜强行推进 …… 187
第四节　平等：城市与乡村权利平等 ………… 190
　　一、实现城乡公共服务的基本平等 ……… 190
　　二、实现城乡民主权利的平等 …………… 192
　　三、实现城乡之间制度的平等 …………… 193

结论：法治中国背景下乡村治理正在转型 …………… 195
　　一、农耕文明对乡村治理的影响短期内
　　　　不会彻底消除 ……………… 195
　　二、乡村治理的法治化、制度化转型
　　　　在悄然发生 ………………… 197
　　三、乡村治理中要注重汲取传统治理的
　　　　有益资源 …………… 199
　　四、在传统与现代化的冲突与融合中
　　　　迎来农村新图景 ……………… 202

［参考文献］ ………………………………… 205
　中文著作类 ………………………………… 205
　学位论文类 ………………………………… 214
　论文类 ……………………………………… 215
　外文译著类 ………………………………… 218
　外文文献原著原文 ………………………… 223

导 论

一、问题的提出与研究意义

（一）法治中国的社会基础

中国地大物博，人口众多，乡村社会所占据的地理空间与人文空间也较大。当前处于社会转型期，社会结构等急剧变化，法治的社会基础也发生着变化，转型期的社会考验是多方面的，尤其是乡村治理面临很多新问题。法治的根基在基层，乡村法治建设是法治中国建设的重要基础，也是法治中国得以实现的基础条件。社会转型对法治建设而言是一种挑战，更是一种机遇。转型社会构成了当前建设法治中国的社会背景，村民自治与法治的良性互动将成为法治中国建设的重要推动力量。近百年来乡村治理的结构、模式、主体、对象等都在不断变迁，国家对于乡村权力的输送从未停止，在法治中国建设中，乡村治理的转型成为一个重要的现实课题。目前乡村治理的特点及其与依法治国之间的张力如何解决，我们如何继承传统中国乡村治理的经验，从中汲取哪些有益资源来推进乡村治理向着法治方向发展，这些问题无论对于乡村治理研究而言，还是对法治中国的建设都十分重要。

（二）选题意义

法治的根基在基层，法治中国的实现离不开基层治理的法治化，基于中国农业大国的传统与现实，法治中国的建设不能没有乡村治理的法治化，换言之，法治中国建设中，乡村法治化治理是不可或缺的。城镇化、工业化的发展，冲击着原有的乡村旧秩序，新的秩序格局尚在建构中，唯有理性建构，方能促进中国平稳走好转型之路，实现法治中国目标。一方面，乡村治理的法治化能促进广大农村民主法治的实现，村民自治的实现将大大节约在基层治理中的法治资源；另一方面，基层治理尤其是乡村治理的法治化将有利于平衡权利与权力之关系，有效化解转型期的很多社会矛盾，从而实现社会更广泛的稳定，建构和谐社会秩序。进一步讲，积极高效的乡村治理可以促进乡村经济发展，缩小城乡差距，实现区域平衡发展，确保群体性的平等权的实现。

本书在理论上能够检视此前乡村治理研究之不足，提出在社会转型期法治中国建设背景下对乡村治理的若干反思，在理论上是一种发展。同时，积极梳理国内外关于法治与国家治理的理论与实践，分析中国乡村治理与法治中国之关系，在前人研究乡村治理的基础上从文化、历史制度变迁等多角度来反思当前乡村治理存在的问题，结合田野调查的现实，针对现状中存在的问题，提出了法治中国建设中乡村治理的可能性路径。本书试图在总结和反思前辈学者研究的基础上，深化和发展治理理论在中国乡村治理问题上的运用。

二、国内外研究现状与评述

关于乡村治理，国内外学者大多是在治理与善治、国家

导　论

治理、基层治理等理论基础上，选取了中国乡村这个特定场域特定对象，进行了很多积极而有意义的研究。

（一）研究现状

1.国外研究现状

自20世纪上半期以来，西方学者开始关注中国的乡村社会。国外学者加入了对中国乡村问题的关注队伍使得这一研究领域在20世纪三四十年代出现了第一次研究高潮。此间的代表作主要有：1925年库尔普的《南部中国的乡村生活：家族主义的社会学》、卜凯在1933年出版的《中国农家经济》、日本"满铁"出版的调查报告《中国农村惯行调查》等。[①]

20世纪50—80年代，国外对中国乡村和村民问题的研究已经取得了一定进展。其中影响较大的有：戴维·柯鲁克和伊莎贝尔·柯鲁克的《十里店：一个中国村庄的革命》（1958）、《十里店：一个村庄的继续革命》（1979）和《邑阳公社的头几年》；旅美华人杨庆堃50年代初在广州郊区鹭江村撰写的《共产主义过渡初期的一个中国乡村》（1959）；著名的澳大利亚社会学家W.R.葛迪斯出版的《共产党领导下的中国农民生活》（1963）；威廉·韩丁根据人民公社时期陕西长弓村的调查，出版了《翻身：一个中国村庄的革命纪实》（1966）以及后来的《翻身：一个中国村庄的继续革命》（1983）；美籍汉学家陈佩华等人撰写的《陈村：毛泽东时代一个中国农民社

[①] 田会冬：《当代中国乡村治理研究——以江浙地区为例》，广东海洋大学硕士学位论文库，2010年，第4页。

区的现代史》（1984）；梅森（Madsen）撰写的《一个中国村落的道德和权力》（1984）等。

上述研究和著作主要有以下特点：1.时间点上多集中在农业税取消以前乃至改革开放以前；2.地点上大多集中在中国华北地区等具有典型农业特色的农村；3.研究内容上大多集中在国家权威秩序、制度结构、文化变迁、社会环境等要素上，关注的是国家—社会—农民等内部关系上；4.其基本结论是乡村治理需要多方主体共同参与，否则乡村治理都不能达到预期的治理效果；5.研究视角上多以西方社会学、管理学等学科视角来研究中国农村；6.研究的评判标准往往参照西方国家；7.乡村治理目标上往往期待能够解决乡村纠纷、实现公共品的有效合理供给、广泛发展基层民主政治等。

国外学者采取多元主义的立场，对中国的乡村社会进行了富有成效的分析。但是其理论成果有明显不足，即国外学者对中国社会的非均质性特点，对政府系统中中央、省、市、县和乡镇基层的差别、村庄里的阶层分化和利益分化等方面的认识尚需新的知识理论弥补。

2.国内研究现状

中国国内关于乡村治理研究早期的代表人物有梁漱溟和费孝通等著名学者。他们的研究为后来的学术研究奠定了基础，在学理研究、田野调查、多元视角等诸多方面奠定了研究基础。

在《乡村建设理论》一书中，梁漱溟先生以乡村建设的实践为基础，以旧社会的分析认识为起点，结合中国三十年的政治实践中存在的"政局纷扰不宁"等问题，试图探索解决问题之路径，思考中国往前走的路径时，提出了"经济建设要走的方针和路线"，在社会建设方面提出了缔造新社会的根本是乡村组织，乡村组织中"一定得在中西沟通中，不能屈了我们的精神，也能收纳人家的精神"。通观之，将乡村建设与乡村经济、乡村教育联系起来了。

在《乡土中国》一书中，费孝通先生试图回答"作为中国基层社会的乡土社会究竟是个什么样的社会"，提出了"乡土中国，并不是具体的中国社会的素描，而是包含在具体的中国基层传统社会里的一种特殊的体系，支配着社会生活的各个方面。它并不排斥其他体系同样影响着中国的社会，那些影响同样可以在中国的基层社会里发生作用"。[①]认为中国社会在地方性的限制下成了"生于斯、死于斯"的"熟人社会"，中国乡土社会的基层结构是一种"差序格局"，是一个"一根根私人联系所构成的网络"。

华中科技大学乡土派在中国乡村研究方面占据重要地位，推出了很多有重要影响力的成果。徐勇、贺雪峰、吴毅、陈柏峰等人在这个领域成果颇丰。比如贺雪峰的《乡村治理与秩序——村治研究论文集》（2003），《新乡土中国》（2003）；徐勇的《乡村治理与中国政治》（2003），徐勇、徐增阳合著的《流动中的乡村治理》（2003）；唐鸣的《村委会选举法律问题研究》（2004）；贺雪峰的《关中农村调查随笔——兼与荆门农村的比较》（2007）等。

从文章上来看，乡村治理的文章也比较多，有探讨乡镇

[①] 费孝通：《乡土中国》，商务印书馆2011年版，第29页。

政权的，有探讨村委会的，有研究村民自治制度的，有研究宗族的，也有关于治理主体方面的，比如能人治村、富人治村、精英治村等。

关于乡村法律研究，代表人物有朱苏力、强世功。较有影响力的当数朱苏力的《送法下乡——中国基层司法制度研究》和《法治及其本土资源》，分析了国家送法下乡的原因以及乡村司法的本土环境。强世功在《乡村社会的司法实践：知识、技术与权力——一起乡村民事调解》中区分了村民的"习得知识"和法官的"学来知识"。

黄宗智利用满铁资料和自己实地调查的成果，写出了《华北的小农经济与社会变迁》和《长江三角洲小农家庭与乡村发展》两本书，在后一本书中揭示了长江三角洲地区的农村由"熟人社会"进入"半熟人社会"的现象。

国内近几年关于乡村治理研究的主要还是华中乡土派的成果居多。除了对乡村进行现象描述、乡村叙事，更多的是透过现象对背后的治理逻辑、权力运行逻辑、人们的行动逻辑等进行了深层的分析。

理论界对全国分区域选取样本进行研究，同时又能从法理角度将乡村治理中呈现的种种图景抽象化、理论化的研究较为薄弱。笔者试图通过自身努力，为弥补这种研究上的缺陷做出自己绵薄之力。

（二）研究的评述

1.研究趋势

研究趋势（从知网1999—2007年之间和2007—2016年的论

文数量观察来看),如图所示:

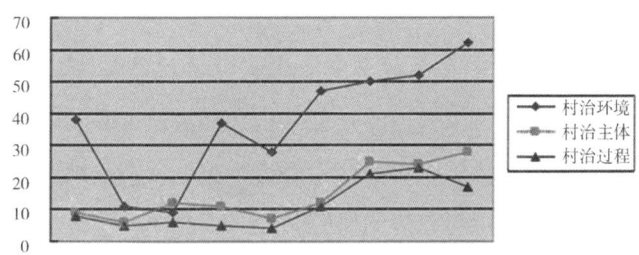

图表1 当代中国乡村治理学术研究趋势(1999—2007年)

在中国知网上以"村治主体"为关键词搜索到的论文数量来看,2007—2016年的数据分别是:850、880、839、975、1170、1118、1039、1036、957、606;以"村治环境"为关键词搜索的结果是:837、868、806、968、1141、1094、1034、1012、959、577;以"村治过程"为关键词搜索的结果分别是:1017、1025、1010、1163、1351、1248、1170、1144、1088、666。

通过2007年之前和2007年之后的对比可以发现,后税费改革时代,学界反而更加关注乡村治理问题,论文数量反而比此前更多。根据这些论文数量分析,可以发现的是近些年来对乡村治理的研究似乎比2007年之前的论文数量更多,从关注的三个基本要素来看,近年来学界越来越关注村治的过程与环境。从文章的内容上来看,重点没有放在历史变迁或现象描述上,而是集中于当下法治中国进程中乡村治理的现状、困境以及转型、转型的动因,结合转型趋势及当下国情,提出了法治中国进程中乡村治理如何实现秩序的重构。

2.学科类型

目前的研究多是由社会学、人类学和经济学所完成，它们所关注的问题多以村庄的社会结构、经济发展和文化构成为要。缺乏从法治背景下对乡村治理进行关注，尤其缺乏对转型期乡村治理中困境与趋势的研究。

3.研究方法

以往的研究多以乡或行政村为单位的个案研究，缺乏对整个中国乡村治理的宏观研究，更缺乏对当下全面推进依法治国背景下，传统与现代治理规则的冲突与融合的研究。所以，本书以国家治权、法的价值目标等法理学与政治学、社会学的学理背景为分析框架，运用实证和规范相结合的研究方法，以图构架可行性未来乡村治理模式。

4.研究视角

以往大多是自下而上和自上而下的视角，缺乏双向互动层面的研究，而法治中国建构是需要将中国传统的自上而下治理模式与民间的自下而上反馈相结合，法治的演进中不仅仅需要国家治理能力的提升，也需要社会的成长，比如村民的参与意识、社会组织的成熟等。

5.理论框架

多数研究者受西方学术方法论的影响，以"国家—社会"二元论的理论框架分析中国乡村社会，但是这也不完全符合当下社会转型期的中国农村现实进展。所以，本书运用多元主体、多元方法、多元视角的理论架设，使所构架的乡村治理模式尽可能符合中国广大乡村的实践,便于为现实服务。

三、研究方法与本书结构
(一)研究方法
乡村治理研究是近年来社会学、管理学等学科领域日渐变热的一个重要议题,研究视角是多元的,目前归纳起来主要有从政治学视角的、经济学视角的、人口学视角的、管理学视角的、法理学视角的等。本书拟从法理视角,尤其是法治中国的进程来研究乡村治理,在方法上主要采用的有以下几种研究方法。

1. 比较研究方法

笔者通过选取我国东中西部城市中的典型样本,归纳总结不同地域乡村在长期的发展过程中所逐渐形成的治理特色,总结其成功经验和发展中遇到的问题,鼓励我国广大农村地区应该结合本地实际,因地制宜,探索出适合自己的发展路径。

2. 文献分析方法

通过知网下载大量论文、购买书籍、阅读相关报纸等途径,搜集研究乡村治理的参考资料,通过在国家图书馆、人民大学图书馆、中央党校图书馆等处搜集大量文献资料,了解了法学视角下乡村治理的现状,掌握了大量的信息与数据。

3. 案例分析法

理论来源于对实践的分析和总结,而经过提炼和分析的理论反过来要作用于实践指导实践。对典型案例的分析就是对实践经验的总结，通过对案例村的对比研究我们不仅可以深入了解案例村的发展历程，更能从中提炼观点升华理论，从而在以后更好地应用于实践。

4.访谈法

在各研究点，访问当地有关部门的负责人，与他们进行座谈，了解有关情况，参阅有关文献，以便对当地的情况有较为全面的了解，同时也听取他们对研究工作的建议。然后，深入研究点进行实地访谈，访谈按照事先拟定的访谈提纲进行。被访谈人员有：村民、村干部、乡镇干部、专业户、乡镇企业工人、学校教师、摊贩等。访谈法是问卷调查法的有益补充，使我获得许多有价值的第一手实证材料。

（二）理论基础

关于乡村治理的理论基础，目前主要的研究集中体现在以下：公民社会理论、协商民主理论、精英主义理论和多中心治理理论。这些理论成就极大地提升了乡村治理研究的学术水平，开拓了基层民主治理的实践领域。

1.社会结构理论

社会结构论认为当下中国的社会结构就是"国家（政府）—社会""城市—乡村"的二元结构，认为市民社会是最有利于实现乡村治理绩效的，因此在乡村治理中要努力培育市民社会，从而促进村民民主意识、权利意识的觉醒，让社会组织更多的诞生并承担起一定的社会治理责任，进而实现多元共治。

2.协商民主理论

哈贝马斯理论是协商民主理论的代表学说。"从西方民主发展的逻辑来看,这种理论的兴起,是对自由民主理论及其缺陷的回应,是为了弥补选举民主及其多数决策原则的不足,同时吸收了共和主义民主理论的道德性因素"。[①]目前,这种参与式民主的发展形式有多种多样,许多地方利用政府和老百姓对话的方式来推动居民的直接参与,例如浙江温岭的民主恳谈、常山的民情沟通日制,通过这种参与式民主解决了大量的重大决策问题和事关群众切身利益(诸如米、面、油、水电价涨幅)的直接问题。上述这种公共对话机制是协商民主理论在实践层面的具体运用。

3.多中心治理理论

多中心治理理论认为,一个多中心的富有活力、自由的竞争体系一定会远远超过单中心的治理结构,其工作效率也一定是高效的。多中心治理的优点在于具有公民身份的个体存在多个选择的可能性。实践证明:多中心治理主体提供多样化的产品和服务,合理规避了传统公共服务固有的不足之处。

(三)本书结构与思路

本书除了导论与结论部分,主要有六章。导论部分,通过文献综述以及对已有研究的评述,确定本书研究范畴和拟采用的研究方法。第一章介绍中国乡村治理的历史演进及其特

[①] 谢地坤编:《哈贝马斯在华讲演集》,人民出版社2002年版,第78-88页。

点。文章的重点内容集中在法制中国进程中乡村治理的现状与瓶颈、转型与趋势，这部分内容用了两个章节（第二章和第三章）。第四章介绍域外乡村治理模式及其经验借鉴，本章首先选取域外的部分国家为例，介绍各国模式（韩国模式、美国模式、欧盟模式、巴西模式），对各国模式比较研究（从治理方式、内容、结构、主体等多方面比较），与此同时，提出了这些不同模式对我国乡村治理的启示意义。第五章提出了法治中国进程中乡村秩序的重构，主要从乡村治理应该追求的法的价值目标角度出发，提出了乡村秩序重构中的应然追求。在结论部分，总结全书主要内容，并就有待进一步深化研究的问题作了交代。

第一章
中国乡村治理的历史演进及其特点

中国是传统的农业大国，乡村社会在整个中国社会中占有重要一席，乡村社会的治理自古至今，历经不同制度的变革，在治理中既有沿袭也有扬弃。历史是事物在过去或者说特定阶段的发展过程，了解乡村治理的历史演进，可以帮助我们更好地理解当下的乡村治理，也可以以历史演进之趋势更好地预测未来。基于此，在法治中国建构中，要更好地实现乡村治理，了解中国乡村治理的历史演进及其特点十分必要。

中国乡村治理的历史演进过程，基于制度背景的不同，在本书主要划分为：传统中国乡村治理、近代中国乡村治理和中国共产党领导下的乡村治理三个大的进程。传统中国乡村治理历史演进中最为突出的特点在于，封建国家通过乡里制度和保甲制度来实现乡村治理绩效，近代的乡村治理中晚清和"民国"时期均有改革，"民国"已出现乡村自治。基于不同时期国家针对"三农"政策的不同，中国共产党领导下的乡村治理呈现出不同的格局，随着改革不断深化，党领导下的乡村治理在基层自治、多元治理、民主治理等方面不断取得成绩。了解乡村治理不同历史阶段的具体治理形式，对于促进当下法治中国进程中乡村治理的实现意义重大。

第一节　中国传统社会的乡村治理历史演进
（公元前221—1912年）

乡村治理，是指"如何对中国的乡村社会进行管理，或是中国乡村如何可以自主管理，从而实现乡村社会的有序发展"[①]。乡村治理是伴随着国家之出现便存在的一种复杂的社会政治现象，在中国不同历史时期有着不同的特点，随着历史的不断发展变迁，我国的乡村治理在不断地丰富和发展。对于国家政权而言，基层的治理尤其是县乡的治理非常重要，乡村治理的有效实现是整个国家实现良好管理的基础，是国家政权得以稳定的根基之所在。因此有"郡县治，天下安"之说。也正如《墨子·尚同》所认为的，乡治是国治、天下治的基础与命脉，乡村治理是否有效在很大程度上决定了国家统治是否稳定有序。

传统中国的乡村治理与今天的国家治理背景下的乡村治理有着很大区别，然而，同一国度的历史与制度不可否认的是具有一定的延续性，今天仍然可以从传统中国的乡村治理模式中汲取积极的经验资源，以促进转型时期中国乡村治理的有效实现。

---

① 贺雪峰：《乡村治理研究与村庄治理研究》，载《地方财政研究》，2007年第3期。

第一章 中国乡村治理的历史演进及其特点

一、传统中国乡村治理的历史演进

传统中国社会的乡村治理模式始终围绕着官员选拔制度、乡村行政建制、土地赋税等相关制度而展开。在夏商西周时期，乡里制度首次出现。当时，乡一级作为整个国家最基层的政权组织形式，其治理者皆由选拔而任命。乡级治理者拥有绝对的强制性权力，他们集行政权、司法权和执行权于一身以维持乡村社会的稳定和发展。这种最早期的乡村治理模式被称为"乡官制"。"乡官制"随着生产力的发展和劳动关系的变化而不断改革变化。随着乡村社会的变迁，致使乡里组织之间差异逐渐模糊，呈现出相似性，郡和县便应运而生。时至战国时期，各诸侯国为了争夺势力范围、巩固自身地位，相互倾轧。于是，权力逐渐向少数人集中，乡级以上的行政组织机构开始出现了。乡里的政权组织机构逐渐弱化，其治理者所掌握的权力也逐渐被上级行政组织所取代，逐渐在乡村治理中形成"县—乡—里"的层级设置。[①]

秦实现了大一统后，为了加强中央集权，巩固皇权的地位，加强国家的大一统，便建立起了"郡管县、县管乡、乡管里"的层级设置。乡级治理者被进一步限制和缩减。到了两汉时期，在乡下又设置了亭，亭下又设置了里。而乡里制度不再是国家最基本的构成单位，什伍组织取而代之。一什长管理十家，一伍长管理五家。什长和伍长掌管着所下辖家庭的一切事务，有效地减缓了乡官和民众之间的紧张关系，是我国古代乡里制度发

[①] 祁勇、赵德兴：《中国乡村治理模式研究》，山东人民出版社2014年版，第22-28页。

展的一座里程碑。然而,由于汉末社会动荡,诸侯割据,战事频繁。百姓为了能够在动荡年代生存下来,便自发建立了坞壁或村坞。也正是在这一时期,我国历史上首次出现了"村"的名称。后来,北魏孝文帝改革,为了进一步加强中央集权,加强对地方的控制,建立了"三长制",形成了"党—里—邻"三级行政建制。但是,由于制度发展的历史进程中,出现了"五百家置乡正"导致部分乡在管理范围上比县还要大等诸多问题,唐太宗便在每乡设乡长一人、佐长二人,并对村落进行了全面的整治和改建。贞观之治后,唐朝实行均田制和科举制,采取重农抑商的基本国策,这就使得乡村精英选择仕途道路作为光耀门楣的途径。这就为乡村治理的发展提供了发展的必要条件,我国古代的乡村治理发展进入空前阶段。后来该制度虽然在历史发展的进程中被不断调整,在辽、金、元时期,乡里被都图制取代,但其核心治理模式始终未改变。直至明清时期,里甲制、保甲制的推行,逐渐在乡村范围内建立起村社组织。

综上所述,我国古代乡村治理模式大致经历了如下历史变迁阶段:首先,从早期的加强中央集权模式、严格控制地方势力向民间谋求自我治理的方向转变;其次,乡村治理模式需要不断随着经济基础、生产力和生产关系及统治者的统治需求而变革;最后,它始终受到国家政权的干预和控制,始终压制地方势力和民众的自由发展。因此,我们可以说:"在中央集权的封建体制下,古代中国始终没有形成真正的乡村地方自治。"[1]

---

[1] 祁勇、赵德兴:《中国乡村治理模式研究》,山东人民出版社2014年版,第29页。

二、传统中国乡村治理历史演进的法理分析

传统中国乡村治理中存在着很多貌似难以解释的冲突，经过系统研究，我们发现这有其内在逻辑。治理模式的渐进式变革与乡村社会的停滞发展貌似冲突，乡土中国的差序格局与稳定的乡村秩序貌似冲突，皇权不下县与"普天之下，莫非王土；率土之滨，莫非王臣"貌似冲突，然而从政治体制与文化机理上看，非但不冲突，还存在着内在的必然联系。分析传统中国乡村治理的背景，解构传统中国乡村治理的基础，探求影响乡村治理的因素，对于中国当前的乡村治理具有历史的、经验的借鉴意义。

（一）传统中国乡村治理的背景分析

"在中国的乡村社会研究中，'国家'的存在是研究者无法回避的核心问题之一。以往的研究表明，如果只是强调从乡民的感情和立场出发去体验乡村的生活，忘记了与来自大的文化传统的影响的互动，是无从洞察中国乡村社会的实质"。[①]因此，必须充分了解传统中国这个"国家"的治理背景（此处主要指制度背景），深入探究传统中国乡村治理背后的深层逻辑以及这种治理模式为何得以维系如此之久。不仅仅是皇权与制度的传承，不仅仅是宗法制的沿袭，更不仅仅因为封建君主专制统治，而是历史的合力产生的必然性。

[①] 陈春声：《乡村的故事与国家的历史——以樟林为例兼论传统乡村社会研究的方法问题》，转引自黄宗智主编《中国乡村研究》（第二辑），商务印书馆2003年版，第1页。

1.封建君主专制制度的传承：乡村治理模式沿袭与缓慢变革的政治原因

纵观传统中国两千年的历史演进，虽朝代更迭不息，但自夏朝到1912年，唯一不变的是封建君主专制的政体，这也是古代中国乡村治理从乡里制度到保甲制度缓慢演变的重要原因。夏代的启建立君主制；商代，王在国家组织中具有崇高地位，自称"余一人"；周代，贵族君主专制政体更加巩固，周王自称"天子"。三个朝代的君主专制政体是中国传统社会国家政体之基础。公元前221年，秦统一华夏民族，自秦朝开始，历代虽有种种政治经济等变革，但是无非都是围绕加强皇权、巩固中央集权而采取了一些举措。中央集权君主专制制度最基本的特征就是：国家权力高度集中于皇帝一人；君主之下实行等级森严的科层化官僚体制；国民思想意识是奴仆化；赋税徭役和修建公共设施、赈灾等是国家管理职能的体现。这样的政体成为传统社会国家统治的基础。正是基于这样一种沿袭不变的政体，对乡村治理产生的影响也就是相对稳定不变的秩序，这种秩序正是乡土中国之所以难以从农业文明走向商工文明的价值因素。通过前文的梳理，不难发现，从夏商周开始就已经有了乡里制度的雏形，到了明清，乡里制度并没有彻底退出历史舞台，保甲与乡里并存，只是保甲制度成为更为重要的治理工具。

2.大一统的国家：皇权不下县的必然

秦统一六国以后，实行的是中央集权，科层管理的末梢是郡县这一级，若将政权基层组织继续深入下沉，对于大一统的国家而言，其人财物的成本过高、设置的必要性似乎也不大。对于统治者而言，郡县以下的基层机构属于管辖范畴，也是攫取资源的源泉，对它们实行貌似松散、实则严密的"治而不统"远比"统而不治"要节省治理成本。秦之后的历朝统治者沿袭了秦大一统的国家格局，即使到了唐代和元代我国疆域面积极其辽阔，统治者也没有放弃大一统的思想。这样一种自上而下高度统一的国度，政权不下县也就成为历史的必然。

3.农业大国：统治者重视乡村治理的原因之所在

封建君主专制的大一统国家，地理环境以及人文、历史、习惯的传承性决定了古代中国是一个农业大国。农业对于古代中国而言非常重要，是封建帝国财政的主要来源，是社会最重要的生产部门，是国家的经济命脉之所在。与此同时，中国古代大多统治者实行的是重农抑商的政策，商人社会地位相对较低，商业难以做成规模，国家从商业领域所取得的税收也相对较少。由此可见，封建帝国的财政收入最主要来源就是农业税。也正是基于此，封建统治者高度重视农业发展，自秦朝开始，农业是一切社会成员的衣食之源。农业对于国家和农民的重要性决定了封建专制国家高度重视乡村治理。

（二）传统中国乡村治理的基础

从秦朝到明清，传统中国乡村治理必须有基础，归纳起来主要有制度基础、政治基础、文化基础、经济基础。封建的土地所有制和户籍制是传统中国乡村治理的制度基础；传统的宗法文化是传统中国乡村治理的文化基础；古中国作为农业国，其自给自足的小农经济是传统中国乡村治理的经济基础；封建帝国的中央集权制与君主专制是传统中国乡村治理的政治基础。

1.制度基础——土地制度与户籍制度

从秦朝到明清,不难发现,无论是北魏的"均田制"还是王安石变法的"初亩税"抑或是"摊丁入亩"的隐形改革,历朝统治者对乡村进行治理的制度基础就是"土地制度"和"户籍制度"。

如前所述,中国自古就是农业大国,土地对于国家和农民而言,是极其重要的物质生产资料,没有土地,农民无以生产,封建国家无以管控农民,农民是被世代束缚在土地上的生产者。历代统治者高度重视对土地的统计与管理,从商周的井田制到秦始皇的"使黔首自实田",还有以后的占田制、均田制、两税法、一条鞭法、摊丁入亩等,都包含着固着农民在土地上的目的,这也正是中华民族安土重迁风俗的成因所在。①

户籍制度——秦朝统一以后沿袭了什伍制度,秦推行的户口版籍之制,西汉更加重视户籍管理制度。西汉还以编户和乡亭制完善了户籍制度。编户齐民就是按照土地来编排户口,按民数来授田。②北魏孝文帝推行"三长制",对民户进行编排和管理。③

---

① 张岱年、方克立:《中国文化概论》,北京师范大学出版社2010年版,第54-55页。
② 《后汉书·仲长统列传》,转引自张健《中国社会变迁中的乡村治理研究》,中国农业出版社2012年版,第35页。
③ 张健:《中国社会变迁中的乡村治理研究》,中国农业出版社2012年版,第35页。

2.文化基础——传统法文化尤其是宗法文化

中国古代社会从经济形态讲属于自给自足的小农经济，属于农业主导下的社会，从文化角度讲，传统中国属于伦理社会，古代的文化可以概括为伦理型文化，这种文化的特点一般被总结为：强大的生命力和凝聚力；重实际求稳定的农业文化心态；以家族为本位的宗法集体主义文化；尊君重民相反相成的政治文化；摆脱神学独断的生活信念；重视人伦轻自然的学术倾向；经学优先并笼罩一切文化领域。① 这样的社会文化对法律产生了深远影响，进而形成了中国以传统社会与历史发展为基础的法律传统。中国法律传统的基本内容被概括为：儒家主导、宗法制度、义务意识、德主刑辅、等级秩序、人治政治。② 无论从中国传统文化层面来说还是从传统法文化的角度来看，中国古代文化依赖的社会政治结构——宗法制对传统中国的影响极其深远。如梁启超所说："吾中国社会之组织，以家族为单位，不以个人为单位，所谓家齐而后国治是也。周代宗法之制，在今日其形式虽废，其精神犹存也。"③ 宗族、宗法制度与国家制度紧密结合在一起，家国同构、家国一体、君父一体，国是扩大了的家，家是缩小了的国。在社会中皇权至上，在家庭中父权之上，当皇权父权冲突时，皇权具有优先地位。正是因为宗法制度的存在及其影响决定了古代中国的乡村

---

① 张岱年、方克立：《中国文化概论》，北京师范大学出版社2010年版，第265-281页。
② 卓泽渊：《法理学》，法律出版社2009年版，第61-65页。
③ 《新大陆游记》节录，《饮冰室合集·专集》第5册。

治理中皇权不下县却能够让皇权无处不在。

3.经济基础——自给自足的小农经济

小农经济是传统中国的基本经济形式，也是中国农耕文明在经济结构上的一种体现。符合当时的生产力发展水平所需。但是由于小农经济是一种分散的狭小的个体生产，其分散性和排斥性导致绝大多数小农只要能养家糊口，就不可能作为一个整体同中央集权制向抗衡。特别是小农的分散性使得他们不能代表自己，一定要别人来代表自己，他们的代表一定要同时是他们的主宰，是高高站在他们上面的权威，是不受限制的政府权力或者专制国家的代理人，所以小农经济下的传统社会是一种政治整合的凝聚性"社会"。[①]

4.政治基础——中央集权与君主专制

中国传统社会实行的是君主专制制度，传统中国的历史可以说是一部君主专制的历史，专制的传统比较悠久。这种专制的阶级基础是奴隶主和地主所以来的经济基础是小农业和手工业相结合的自然经济，统治者均实行"重农抑商"国策。[②]中国君主专制的特点集中体现在：（1）以武力为先导，控制宗教势力，专制时间漫长；（2）经济基础是土地的国有和自给自足的小农经济，这个基础比较稳固；（3）君主专制中

---

① 张健：《中国社会变迁中的乡村治理研究》，中国农业出版社2012年版，第45页。
② 张岱年、方克立：《中国文化概论》，北京师范大学出版社2010年版，第50页。

央集权走向极端；（4）对人身控制严密。①纵观两千年的历史，无论是秦始皇时期的"天下之事无大小皆决于上"还是宋太祖实行的"杯酒释兵权"，这些都充分体现了君主专制与中央集权的特点，传统中国乡村社会的治理也就是在这样的政治基础上开展的。

（三）传统中国乡村治理的影响因素

传统中国乡村治理的影响因素是多样化的，但是细细归纳，无非集中在以下三大因素：第一是国家政策与政治改革，这是影响乡村治理模式的最主要因素；第二是乡村社会的精英以及地方的乡约；第三是封建社会的宗法制。这三大因素，中国家层面的政治改革或者变法运动较之于其他两个因素，这是宏观的政治因素；而社会层面的地方精英因其双重属性可以说是中观层面的，他们对乡村治理的影响可以说是国家权力的间接传递者；家庭是微观层面，但是古代的宗法制又与国家密切相关，因此宗法制也成了以家庭、家族为单位的熟人社会影响乡村治理的基础性却又十分重要的一个制度因素。

1.国家政策与政治改革

乡村治理是农业大国的封建君主高度重视的治理内容，在影响乡村治理的因素中，国家政策与历朝历代的政治改革是十分重要的因素。从政策层面来看，无论是汉承秦制，抑或是元沿袭宋制，国家制度的沿袭反映在乡村治理层面也就是基层

---

① 张岱年、方克立：《中国文化概论》，北京师范大学出版社2010年版，第50-54页。

治理结构、治理主体、治理模式等的沿袭。从政治改革的角度来看,"均田制""初亩税""摊丁入亩"等制度的创立或改革,都对乡村治理产生了深远影响,以"摊丁入亩"来说,国家取消了人头税,但是却把人口纳入土地亩数中来计算每年农民上缴的赋税徭役,这就将人口与土地因素更加紧密地结合起来,同时也实现了国家的集权化。

2.地方精英与乡约

传统中国乡村治理中的精英可以分为四大类:家族长老、乡里组织领袖、绅士(或称乡绅)和乡间豪民。(1)家族长老也被简称为"族长"。族长一般要负责主持宗族祭祀和掌管本族民众日常生活。族长的权威往往是通过族谱、族祠、族规和族产来体现的。(2)乡绅。绅权作为一种社会性权力,是法理权威与个人魅力型权威的结合,在一定程度上维持了传统国家与社会的整合。[①](3)乡里组织领袖。此群体在不同朝代,称谓不同,五代十国有耆长;宋代元代有差役;明代有粮长、解户等。乡里组织领袖的选人标准基本有:重视父老年高德行;重权势和财力;重能力;重人丁、物力并服众;重地亩。(4)乡间豪民。豪民参加的乡村社会活动主要有:争夺乡官职位;偷税抗税;凌驾乡里政权。也正是因为豪民对乡村社会具有威慑力,所以,国家就会利用其丰富的经济、政治、

---

① 张健:《中国社会变迁中的乡村治理研究》,中国农业出版社2012年版,第42页。

文化和社会资源，维持基层社会秩序，以起到治理成效。①

3.宗法制

影响中国传统社会乡村治理的重要的制度是宗法制，宗法制和宗法文化、宗族等因素既构成了传统中国乡村治理的文化背景，也是影响乡村治理的重要制度因素。宗法制度是在一定的历史条件下因氏族社会的血缘关系演变而来，中国古代宗法制度产生于商代后期，西周统治者在商代宗族制度基础上，建立了一套体系完整、等级严格的宗法制度，具体内容一般包括：（1）嫡长子继承制；（2）封邦建国制；（3）宗庙祭祀制度。这样的制度对中国传统社会结构产生的影响就是：（1）家天下的延续；（2）封国制度不断；（3）家族制度长盛不衰；（4）家国同构。②反映在乡村社会中也就是"忠孝相通""求忠臣于孝子之门"。对于乡民而言，若做了违法犯罪之事，可能不仅仅是被国家施以刑罚，还可能被家族族规给予处理。而违背族规却没有违法时，族长就可以依据本家族的规矩来处理，这种处理或许是过度侵犯人权的，但是在古代的乡村社会似乎也成了族长权威的一种体现。

（四）传统中国乡村治理模式的评述

传统中国乡村治理中，无论是秦汉时期的"什伍制"还是清末的"摊丁入亩"等制度，从土地制度到户籍制度，虽

---

① 张健：《中国社会变迁中的乡村治理研究》，中国农业出版社2012年版，第44页。
② 张岱年、方克立：《中国文化概论》，北京师范大学出版社2010年版，第43-48页。

时代在变、名称在变、管理方式在变,但是两千年既有不变性,也有渐变性。

1.制度的传承性与改革的渐进性——两千年:从乡里到保甲

纵观两千年的封建君主专制统治,一以贯之的不唯旨在维护相对稳定的统治的制度之传承、人文之传承,也不乏锐意改革进取之精神,比如历史上著名的商鞅变法、孝文帝改革、王安石变法等,从而体现在制度层面也就是制度的传承性与改革的渐进性并存,在乡村治理制度上就体现为两千年无非是从乡里制度走向了保甲制度。

2.皇权不下县与皇权无处不在——家国一体的内在逻辑

纵观两千年的基层治理,有人概括为"皇权不下县",有人认为"皇权无处不在"。事实上,"皇权不下县"与"皇权无处不在"是表与里的关系,二者貌似冲突,实则具有内在的一致性。

且不论郡县以上的行政机构,单看乡里、保甲一级,这些组织下的农民虽然不直接受郡县之上的领导统辖,但是农民的徭役、赋税皆因户籍和土地而与国家发生紧密而间接的联系,与此同时,郡县一级的行政和司法职责是合并在一起的,司法具有行政色彩,行政又有强大的司法机器来保障,地方的行政一把手也就是地方的最高司法官,但是若出现当事人不满郡县一级的判决或者其他冤假错案情形时,就会与更高一级的司法系统发生联系,比如"秋审""翻译别勘"制度等,这些都足以说明,郡县以下的乡里、保甲统辖的农民并不仅仅受郡县之管制,广大的农民与皇权也发生着千丝万缕的联

第一章 中国乡村治理的历史演进及其特点

系。基于此，我们不得不承认"普天之下，莫非王土，率土之滨，莫非王臣"，皇权无所不在，即使逃往深山老林，也难免与这个封建国家发生"苛政猛于虎"的故事。

"皇权不下县"与"皇权无处不在"的内在一致性主要表现为两个方面：一是家国一体的宗法制度。中国封建社会之所以存续两千余年不仅仅在于封建君主专制与大一统的格局，从制度的内在逻辑分析来看，宗法制的影响尤为重要。古代中国的"三纲五常"中将家庭、宗族与国家有机联系在一起，"君为臣纲、夫为妻纲、父为子纲"，在人们祭祀时，无论是碑文还是家里的厅堂正中间写的均是"天地君亲师"，这样的顺序也表明了人们心中所尊崇的群体位次，尊君拥君要远远高于自己的父母师长，这种思想对国人影响极其深远，直至"文革"时期，很多人为了"忠君爱国爱党"而"大义灭亲"。二是官本位思想与科举考试制度。古代中国的人们读书于己是为了"修身"以"齐家"，于己之外的就是"学而优则仕"，是为了光耀门楣、光宗耀祖，更远之则是"治国平天下"。在"修身""齐家""治国""平天下"的顺序中，将自己置于整个结构的核心，自己"独善其身"之后就为了家庭之"齐"，而后"出仕"，而后"平天下"，人们认为"万般皆下品，唯有读书高"的根源在于崇尚"官"之权与位，也正是基于这样的逻辑使得中央与山高皇帝远的乡村农民子弟发生了制度上的联系。这就有了中国古代的科举制度，这个制度与今天的高考制度的相同点在于实现社会分层。但是科举考试制度实现社会分层的同时能够让社会流动起来，是一种选拔官员的文化制度，对于培养选拔人才发挥过重要作用，强化了中央集权的国家专制的权威，加强了中央集权。

3.差序格局与稳定的秩序——文化的内敛性

两千年的封建社会之所以得以传承沿袭，从文化层面讲，与中国文化的内敛性，尤其是"同心圆"结构下的"差序格局"有着很大的关系，也正是这种格局，使得社会内在的稳定得以维系。

（1）差序的格局

关于传统中国人际关系的最为经典概括者，莫过于费孝通先生。他认为："我们的格局不是一捆一捆扎清楚的柴，而是好像把一块石头丢在水面上所发生的一圈圈推出去的波纹。每个人都是他社会影响所推出去的圈子的中心。被圈子的波纹所推挤的就发生联系。每个人在某一地点所动用的圈子是不一定相同的。"[①]也正是基于此，今天的学者们普遍借用"差序格局"来描述传统的乡土中国的社会秩序，我们每个人都是生活在家庭这个最小的细胞里，以个人为中心可以扩展至家庭、家族、宗族等，圈子也正是按照血缘关系的亲疏远近而被人们无形之中划分，不同圈子所适用的关系规则也是不同的。

（2）稳定而封闭的秩序

秦汉至明清的两千多年中王朝更迭不断，历史总在推进，但是农民的"安土重迁"似乎从未改变。人口的流动性也

[①] 费孝通：《乡土中国 生育制度》，北京大学出版社1998年版，第26页，转引自张健《中国社会变迁中的乡村治理研究》，中国农业出版社2012年版，第47页。

第一章　中国乡村治理的历史演进及其特点

被土地制度、生产方式、生产力水平、交通等多种因素所限制，封建国家实施重农抑商的政策更多的也是为了鼓励农民固守土地、勤于耕作从而可以让政府获得更多的赋税。这些制度以及条件因素使得乡村社会始终处于稳定状态。①

与现代的乡村生活相比较，差序格局背景下有这样的封闭而稳定的秩序，深究其成因，中国传统文化的内敛性是重要影响因素。传统中国文化大多主张"修己"以"达人"，欲改变天下，先改变自我，所以往往要求人们"向内"修心，而非向外扩张，也正是这样，"内修"降低了外在矛盾发生的概率，因此，在战争问题上也一样，主张闭关锁国，而不主张对外侵略扩张。

4.更迭的朝代与停滞的乡村——国家对经济的全面干预

从公元前221年到1912年两千余年间，朝代更替不断发生，然而整个乡村却处于一种相对停滞的状态。经常更替的朝代与发展与停滞的乡村秩序貌似冲突，实际上，可以说在两千年的历史长河里，村庄一直是河岸的相同的树木，村庄因受限于落后的生产力而没有发展，生产力却因封建专制制度得不到长足发展进步，与此同时，封建君主全方面来干预全社会的经济发展，破坏了经济发展应有的宽松自由的环境，尤其是重农抑商政策，使得整个封建社会的农村一直处于一种既无法快速发展，也不会消亡的状态，这种停滞性在乡村治理上体现为治

---

① 张健：《中国社会变迁中的乡村治理研究》，中国农业出版社2012年版，第48页。

理制度的传承性、稳定性,即两千年未能有大变局乡里制度与保甲制度的传承。

三、传统中国乡村治理经验的现代价值

传统中国的乡土社会与现代农村社会尽管有着很多差别,但是基于现代中国农村依旧有很多传统中国农村的遗传基因,传统中国乡村治理的很多经验对于现代转型中国的乡村治理仍有很多价值。

(一)培育新乡贤,促进乡村治理创新

目前对于新乡贤尚无统一的界定标准,参照传统中国社会对这个群体的界定,在当地具有一定影响力,在经济、政治、文化等不同方面有优势又为公众所知悉并且认可的人可以称之为新乡贤。新乡贤从经济上说他们有一定的财力、做了某些方面的公益性事业,从政治上说,他们或许不是人大代表不是当地政协委员,但是却有一定的政治话语权,从文化上来说,或许学历不高,但是有他自己独特的文化又为大家所认可。这样的群体对于乡村治理而言,他们能够在一定程度上利用其民意基础来促进或阻碍乡村治理绩效的实现。因此,我们必须培育这个群体并充分发挥这个群体的正能量作用,从而促进乡村治理绩效的实现。

1.发挥新乡贤在促进乡村经济建设中的作用

无论是传统中国社会还是现今的乡村社会,都有"致富能手",他们在当地的小圈子里也颇具影响力,他们的致富方法和模式对当地民众影响重大,必须加强对这部分人正能量

的引导，否则在他们扭曲的价值观指引下的示范效应一旦发挥，将会破坏乡村治理的政治和道德环境。以近日微信的一则新闻为例，据报道福建某地首富是最大的诈骗犯，当地整个村庄的人们以骗不到金钱为耻。这就是一种极其不正常的现象。基层政府就应该加强对村民的"八荣八耻"和社会主义核心价值观教育，从而促进村民以合理合法的方式去发展经济，进而促进乡村经济建设。

2.发挥新乡贤在强化社会主义核心价值观中的引领作用

新世纪新阶段的乡贤不再是封建主义在中国的复现，而是被赋予新的历史使命、新的时代责任的群体。政治思想宣传部门应该加强对新乡贤的价值引导，旧社会部分乡绅的那种"等级观念""偷税抗税""抵制政府行为"等流毒应该彻底摒弃，要以社会主义核心价值观作为新乡贤的价值引导，从而促进整个乡村社会向现代性的中国转型，促进民众从封闭的"小圈子"融入现代国家，促进民众价值观念从传统走向现代，确保乡村社会对现代国家的认同和乡村治理的参与，确保我国意识形态的安全。

3.加强对新乡贤的组织领导

中国共产党是中国特色社会主义事业的领导核心，强调在乡村社会培育新乡贤并不意味着放弃党对乡村社会的领导或者任由新乡贤的肆意妄为，中国共产党代表的是人民的利益，新乡贤也应该接受党组织的领导，也应该充分体现民意、表达民意，促进民意的实现，对于乡村社会的公益事业尤其应该有担当，否则不能称之为真正意义上的新乡贤。

（二）重视发挥农民在乡村治理中的主体作用

传统中国乡村治理中，统治者无论是基于维护其封建统治的需要抑或是真正基于历史责任与使命，大多数统治者（尤其是开朝统治者）会重视巩固统治的民意基础，都明白老百姓就是那"水"，既能载舟也能覆舟，因此在乡村社会的治理中注重确保农民基本的生存利益等诉求。今日农村，依旧有很多关涉农民利益之事，应该高度重视。

1.从"敬天保民"到"敬法为民"

中国传统文化基本精神的主体内容有：天人合一、以人为本、贵和尚中、刚健有为。天人合一对于君主和官员之要求就是需要"敬天保民"。而今我们国家处在社会转型的关键期，党的十八届四中全会提出了全面推进依法治国，建设社会主义法治国家。在此背景下，我们应该"敬法为民"，要真正做到科学立法、公正司法、严格执法、自觉守法，要以法治思维和法治方式来破解发展中遇到的难题，在乡村治理中，绝对不能用"权大于法"的理念指导自己的工作，要本着为了人民利益、保护人民利益的原则和立场，用法治作为解决问题的基本规则。但是要注意法治的实施并不意味着机械执法，更不意味着"市容市貌权高于公民的生存权"。

2.官员以德贤为要，爱民为民为本

古代中国官员选拔中以德贤作为基本的要求，对于今天的干部选拔与培养而言，仍然具有十分重要的借鉴意义。修身立德，廖咏絮在其《党校日记》中提到应该"修明道之德，坚定理想信仰；修感念之德，常怀为民之心；修为官之德，敢于担当重任；修律己之德，严格约束自我"。在全面建成小康社会的新征程中，全面深化改革的深水区，党政领导干部尤其要慎言慎行，加强修养，坚持行为和人生观、价值观的一致，用良好的品行树立良好的形象，做一名德才兼备的干部，要对人民有深厚的感情，尤其要对乡村社会朴实而辛苦的农民常怀关切之心，为实现中国梦贡献应有的力量。

3.多渠道采集并及时回应民意，解决乡村纠纷

当前社会不同于传统中国，多元的交流渠道、多元的思想、多元的矛盾都在今天出现了。我们乡村社会的治理中，尤其要以史为鉴，重视民意，尊重民意，多关注民心之动向。自媒体时代，党政领导干部，尤其是乡村干部更应该与时俱进，关心与自己职责密切相关的网络民意，对于基层民众反映的纠纷，一定要及时回应并予以解决，而不是迫使村民"上访"时大费成本去"截访"。

（三）传承儒家文化精华，促进社会治理的文明转型

传统中国乡村社会的治理中，儒家文化是其社会治理的文化基础，对于滋润教化农民，促进社会文明和谐发挥了重要价值。当下中国社会处于转型的关键期，整个社会正如社会学家所说"太过急躁""戾气太重"，而文化是最好的滋补品，尤其是中国传统的儒家文化中的精华，对于解决当下农村的社会纠纷，化解农村社会矛盾，促进社会治理的文明转型有着重要的价值。

1.树立良好家风，弘扬"耕读传家"

家国重构的传统对当下中国农民的观念影响依旧存在。

习近平总书记提出，"家是最小国，国是千万家"。家庭是社会最小细胞，家风关涉每个成员在社会上的行为表达方式，对于社会秩序有着直接影响。传统中国是农耕文明主导下的农业大国，良好家风是促进家庭和美、家族兴旺发达的关键因素，在良好家风熏陶下，父慈子孝，子女成才，传统中国农村家庭大多主张"耕读传家"，这对于当下农村社会多元纠纷的化解恰恰是一服良药。良好家风，"耕读传家"可以实现乡村社会的文明化，文明程度更高状态下的农村，社会秩序也就会更和谐。

2.以和为贵，无讼为荣，同时不排除法治途径解决纠纷

传统中国社会尤其是农村社会，是一个熟人社会，民众受儒家思想影响，主张"以和为贵""以诉为耻"。当下中国农村社会日益变得陌生化，深受市场经济规则的影响，人们之间更多的是依靠制度、合同或"先小人，后君子"的约定（协议等）来作为约束彼此的规范。而转型期文化的多元化，注定了传统文化仍将对农村人的行为方式有一定程度的影响。一部分人（尤其是熟人之间）往往会基于"面子"免去签合同等，而这时就需要我们借鉴传统的治理经验，即"以和为贵，无讼为荣"的传统，但是在法治中国建设的背景下，也不应排除法治途径来解决双方的纠纷。法治作为一种治理方式，是制度文明的体现，是社会治理的一大进步，增强了民意作为制度基础的稳定性，因此，在乡村治理中，若无法以私力或传统治理文化解决时，而应该寻求国家法律的支持。

第一章　中国乡村治理的历史演进及其特点

3.以人为本，尊重人伦，并辅之以制度治理

传统中国社会是"人伦社会"，是"礼治秩序"的社会，是"情、理、法共同治理"下的乡土社会。而今，农村社会的治理中，尤其是中国共产党领导下，党的性质决定了乡村社会的治理仍然需要借鉴传统中国"以人为本"的经验。农民是农村社会最重要的主体，农村治理中必须注重保障农民利益。"人伦"是中国农村传承至今的一种文化，这种文化的积极作用远远超出其负面价值，因此在农村治理中应该主张尊重人伦，绝不能出现山东"辱母案"的那种判决，法官的判决应该注意，中国的法治不是机械化的法治，而是立足中国现实国情，应该是尊重中国历史、习俗、传统的。在制度化治理的大背景下，农村的治理也并不排除要用制度来规范乡村社会的行为。

第二节　近代中国乡村治理及其当代意义

一般而言，近代中国是指从鸦片战争到新中国成立的历史时期。近代中国的乡村治理基于历史的延续性，所以在清末"民初"对于"保甲""乡里"制度也沿用了一段时间，"民国"时期乡村治理中出现了乡村自治的初探，中国共产党早期对乡村治理也有一些积极尝试。这些制度的变迁与执政者指导思想密切相关，本节关注近代中国乡村治理的变迁，探究乡村自治的动因及其对当今乡村治理的借鉴意义。

一、晚清乡村治理理论与实践

1840年鸦片战争的爆发迫使中国闭关锁国局面被打破，封建王朝统治加速瓦解，走上了近代化的道路，瓦解了封建土地私有制，宗法制度衰落，传统中国乡村治理制度无法满足现实需要，晚清新政和地方自治思潮推动使得乡村自治运动得以兴起。这个时期的新政关于乡村社会基层政权建设的主要方式就是"吏治"和"绅治"，两者只不过是将国家权力换一种相对柔和的方式延伸到乡村社会，旨在加强对乡村的管理和控制、稳定乡村治理秩序。

（一）乡里共举

晚清政府为了继续维护其封建统治，虽实施了新政，但仍不能满足民众之期待，虽然太平天国的该项制度在当时影响力有限，也不如现代民主制度中的投票选举，但是考虑农民阶级的局限性以及与同时代的封建统治阶级的乡村治理模式，"乡里共举"也算是近代中国乡村治理历史中具有进步意义的范例。① "乡里共举"主要特点在于"乡官之选举法，虽非如今代投票普选之纯全民主制度，然确有多少民主作风与自治作用，比之当代满清治下乡土民事操作于绅士首老之手者尚胜一筹（此指其非民众中选出而言）。其制度略近于现代各省乡村间之自治职员，如区长、乡长、村长等，盖各乡官以民意民望

---

① 祁勇、赵德兴：《中国乡村治理模式研究》，山东人民出版社2014年版，第30页。

第一章 中国乡村治理的历史演进及其特点

为依归,而凡被选出者乃正式受任治事也"。①也就是说,这种制度有尊重共同选举之特点,以村民的合意为基础,其治理的合理性相对更高,治理所遇到的障碍也就相对要少。

(二)托古改制

清末中国半殖民地半封建社会的现实要求执政者必须改革乡村治理制度与模式,康有为、梁启超等仁人志士提出了自己的建言。康有为上书光绪帝提出了"托古改制",尽管未能在当时得到落实,但是改革思想为清末新政做出了贡献,他们的思想对于今天的研究来说仍有价值。

(三)《城镇乡自治章程》

清政府于1909年1月18日颁布了《城镇乡自治章程》(以下简称《章程》),是我国历史上第一部由统治阶级颁布的自治章程,全文共9章112条,制度设计上学习了欧美先进的地方自治制度。内容上来看,《章程》对城镇规模界定、结构、自治范围做了明确规定。在实践层面,清政府为确保地方自治的顺利实施,选择了两个地方作为试点,即天津、江苏江宁,该地特点是社会相对开放、民众素质相对高。从《章程》的立场与初衷来看,清政府颁布的地方自治章程出发点是好的,"从国家和民众立场出发,有利于启发尚未开化的农村民众,促使更多民众参与到对地方自治的探索与践行中来"。从《章程》在实践中的遭遇来看,"乡镇自治"难以达到预期,"故所谓政

---

① 简又文:《太平天国典制通考》上册,香港简氏猛进书屋1958年版,第323页。

治者，不操于官，即操于绅，甚或操于地皮恶棍，生杀予夺，为所欲为，民之所能自存、自主、自治者，亦几希矣"[①]。分析其影响，不难发现清末乡村自治是传统中国乡治思想与西方宪政思想共同作用下的产物，推动了中国近代化进程。

二、民国时期乡村治理及实践

民国时期，乡村治理的理论与实践都有了一定推进。民国政府在乡村治理方面作了一定程度的变革，实施"新保甲制度"；孙中山先生以地方自治来践行"三民主义"的民生主义和民权主义；袁世凯政府先后颁布了《地方自治试行条例》《县治户口编查规则》；北洋军阀政府也颁布了《地方自治条例》《乡自治制》。在实践方面也出现了一些乡村自治的典型范例，比如翟城和山西的村治。

（一）"政府"的政策层面

1.民国"新保甲制度"

这一时期的保甲制度不同于清末的保甲制度，其主要区别体现在：该时期的乡镇公所的治理者是由县政府委派任命并授予职权，被称为"乡镇长"。乡镇长是国家正式的行政官员，他们直接控制着辖区内的社会运行。由于缺乏足够的监督制度和权限约束，他们极易被腐化而横征暴敛、肆意侵吞。乡村治理由地方自治转变为依靠国家权力对乡村进行强制性的控制。

[①] 黄强：《中国保甲实验新编》，中华书局1935年版，第184页，转引自祁勇、赵德兴《中国乡村治理模式研究》，山东人民出版社，第32页。

2. 孙中山"地方自治"

孙中山先生于1897年提出了"人民自治是政治的吉则",以县为自治单位的推行地方自治来践行"三民主义"中的民生主义和民权主义,这也正是他推行地方自治的初衷所在。

3. 袁世凯的努力

袁世凯政府在1914年12月颁布了《地方自治试行条例》及其《实施规则》,规定区为县以下的自治单位。1915年8月又公布了《县治户口编查规则》,以区取代城镇乡为地方自治团体,规定县下置区,区内根据住户数量按照一定准则分编牌甲。然而,随着袁世凯政府被推翻,这些规则均未得到连续性的实施。

4. 北洋军阀的乡村自治

北洋军阀统治时期,军阀混战,民不聊生。各地制定并遵从不同的宪法,地方官吏、士绅也协商联省自治。这时他们把保境安民、建设乡村作为力所能及的自保措施。北洋军阀政府于1919年和1921年颁布的《地方自治条例》和《乡自治制》中,规定任何组织形式必须以市、乡建制自治团体法人的形式出现。上述制度的实施主要是为了充分调动人们的积极性和主动性以实现自救。①

5. 南京国民政府的地方自治

南京国民政府统治时期,比较重视以县为单位的地方自

---

① 祁勇、赵德兴:《中国乡村治理模式研究》,山东人民出版社2014年版,第33页。

治,把县的自治工作上升到决定革命成败的高度来对待。1928年国民政府颁布《县组织法》。

(二)实践层面的范例

1.翟城村治

河北定县翟城村的乡村自治在民国时期具有典型意义。1902年士绅米氏父子发起制定了村治规划,民国以后,该村村治内容不再局限于传统绅治特色,得以丰富化。具体而言有以下特点:地方政府扮演重要角色,重视教育,但是更加重视村民参与,村自治职员是由村民选举产生。这些举措使得当地教育事业得到发展、风俗习惯得以改进。该村的乡村治理模式虽然没有在短时间内得到广泛传播,但是在学界的评价是很高的,比如"谈乡村自治者,必自翟城村始""中国近代史上首先以村落作为地方自治的起点,开创了民国乡村自治的先河"。①

2.山西村治

阎锡山担任山西省长期间推行的"山西村制"改革,内容较多,地方自治程度在不同时期也不同。主要内容归结为:以规章制度建立为基础,在村里设置立法、行政和监察等机构,各机构权责分明、各司其职。山西村治在当时全国范围内来看是继翟城村后推行乡村自治比较有影响的地方自治。②

---

① 祁勇、赵德兴:《中国乡村治理模式研究》,山东人民出版社2014年版,第34页。
② 祁勇、赵德兴:《中国乡村治理模式研究》,山东人民出版社2014年版,第35页。

第一章 中国乡村治理的历史演进及其特点

（三）对民国时期乡村治理的评述

民国时期的很多政策、法律对当今都有很大的借鉴价值，在乡村自治方面的制度设计既有先进性的一面，也有传统的遗迹，这样的制度转变也符合当时的社会治理总体趋向。

1. 乡村自治成为一种倾向

从清末与"民国"的国家政策层面来看，乡村自治已经成为一种倾向。清末，政府已经颁布了自治条例，并在实践中选取了少量的试点。民国时期，政府实施了区别于清政府的保甲制度，实施"新保甲制度"。并且孙中山先生以地方自治来践行"三民主义"的民生主义和民权主义；袁世凯政府先后颁布了《地方自治试行条例》《县治户口编查规则》；北洋军阀政府也颁布了《地方自治条例》《乡自治制》。在实践方面也出现了一些乡村自治的典型范例，比如翟城和山西的村治。这些自治条例和乡村自治的试点表明，乡村自治在民国已有法理与实践基础，形成了一种倾向，相较于封建帝制时期的乡村治理，在制度上有进步意义。

2. 没能摆脱传统的影响

通过前文对民国时期乡村治理制度与实践的梳理，可以看到民国的乡村治理与清朝之前的乡村治理相比较而言，有很多现代因素，比如共举和乡村自治的出现。但是毕竟中国社会转型自此才刚刚开始，所以在传统农业大国，乡村治理依旧无法摆脱传统治理模式、治理理念、治理方式等的因素影响。尽管政府层面已经有了现代性的制度引导，但是在乡村社会，人们在制度运行中，"乡绅""族亲"等群体对乡村治理绩效的实现有着更为突出的影响，而这也恰恰是传统中国乡村治理制度对现当代中国的一种影响。

3.开始学习借鉴西方的制度

民国与清之前的封建王朝相比，无论是被迫打开国门抑或是社会发展的必然，都已经开始了学习借鉴西方的制度。在法律方面，比较注重学习日本、德国的立法技术与内容，在乡村治理层面，已经开始学习三权分立下的乡村自治，这种制度的引入和实践的试点都表明，乡村治理方面，中国开始迈开学习西方制度的步伐了。

三、民国时期乡村治理制度的当代价值

自1840年以来，中国社会转型一直在进行，截至今日，中国社会转型进入了关键期。民国时期是中国社会转型的关键节点，而当下也是中国社会转型的一个关键点。因此，民国时期乡村治理制度中的一些有益制度对于今天而言，仍有当代的价值。

（一）乡村自治制度仍有借鉴意义

乡村社会从民国发展到今天已经有了很大的变化，国家的根本制度也发生了很大的变化，但是民国时期的乡村自治制度对于今天的中国农村社会治理而言仍有借鉴意义。从孙中山先生以"三民主义"为核心的地方自治，到袁世凯政府颁布的《地方自治试行条例》《县治户口编查规则》，再到北洋军阀政府颁布的《地方自治条例》《乡自治制》，这些乡村自治制度在内容上大多学习日本、德国，体例上比较完整规范，当时

的立法者也是充分考虑中国国情的，因此这些自治制度设计并不应该随着历史的变迁而消逝，我们应该从中汲取积极因素以供当下治理借鉴。

（二）乡村治理应尊重乡村社会的传统

从民国时期的乡村治理制度与实践来看，受传统因素影响是其突出特点。对于这一特点，我们应该辩证看待，不能全盘否定，更不能全盘吸纳。乡村治理应该实事求是，尊重乡村社会的特点。当下举国在全面推进依法治国，这时我们不能忽略乡村社会的传统。乡村社会不同于城市的社区，人们的心理、习俗、思维、生活习惯等都是不同的，在乡村治理中要尊重乡村社会的优良传统，比如"和为贵"指导思想下的调解，"有理大家评"的合议制度，这些都是当下法治中国进程中应该吸纳的优良传统。

（三）传承乡村治理的经验与优势，推进向制度化方向发展

法治中国的进程是伴随着中国社会的改革与转型的过程，乡村社会的转型是中国社会转型的缩影，乡村社会的治理也是国家治理的重要组成部分。当下，法治成为中国国家治理之重器，在乡村社会的治理中，法治也成为重要方式。基于民国的经验，乡村治理中应该传承乡村治理中依然有现实价值的经验，发挥传统治理资源的优势，与此同时，应该在推进乡村现代化进程中，让制度成为治理的依据，让制度化成为治理的趋势。

第三节　共产党领导下的乡村治理嬗变及经验

中国共产党自成立至今，是中国特色社会主义事业的领导核心，党在国家治理中始终处于领导核心地位，党在乡村治理中也贡献了其作为执政党的智慧。回顾党在不同历史时期的乡村治理模式，总结其经验，对于当下治理有重要价值。

一、新中国成立之前共产党早期乡村治理模式

中国共产党最早建立的是"乡苏维埃"，作为农村基层政权组织，是由人民直接或间接选举的代表机关统一行使国家权力，代表机关作为国家权力机关，乡苏维埃实行"议行合一制"。抗战爆发后，党对乡村治理的制度模式主要体现在：

（一）三三制模式

毛泽东在1940年3月的《抗日根据地的政权问题》一文中提出建立"三三制"乡村治理模式，广大中下农民切实发挥了主体优势作用，调动了富农的参政积极性，各商户阶层也成为根据地乡村政权建设的主体。

（二）党的一元化领导模式

中共中央于1942年9月颁布了《关于统一抗日根据地党的领导及调整各组织关系的决定》："根据地的建设与民主制度的实行，要求每个根据地的领导一元化。"在乡村，一切乡村政治力量和社会组织包括农救会、青年团、青救会以及各民兵组织都必须在党领导下进行活动，主要体现了区乡村党组织对

第一章 中国乡村治理的历史演进及其特点

乡村拥有绝对领导权。在党的一元化领导下，党的权威成为乡村社会治理的主要工具和手段，以阶级标准为基础的党组织权威逐渐取代了在传统基层社会中以宗法血缘为基础的士绅权威，坚定了党在我国农村基层的领导地位和政治权威。①

党在乡村治理中的一元化领导格局使得长期领导控制乡村的士绅宗族势力逐渐退出了历史舞台，并重构了具有独特特色的新型权力结构。由此可见，党所引领的乡村社会变革明显区别于清末"民初"时期的乡村治理模式。有学者指出："共产党以土地改革为开端的乡村社会变革，使清末新政以来逐步下移的国家权力第一次真正实现了对乡村社会的全面控制及现代意义上的乡村治理。土地改革不仅重塑了国家与乡村社会的关系，改变了乡村社会的权力结构及其运作方式，确立了运动式乡村治理模式，成为20世纪后半期中国乡村'有计划社会变迁'的宏伟开端。"②

二、新中国成立后到取消农业税之前的乡村治理

新中国成立以后，不同历史时期，我国对乡村社会实行不同的治理模式。从新中国成立后到取消农业税期间主要可以划分为三个不同历史阶段：新中国成立后建立起以行政村作为基层单位的政治体制；1958年人民公社化运动推行的以政社合

---

① 祁勇、赵德兴：《中国乡村治理模式研究》，山东人民出版社2014年版，第35-36页。
② 李里峰：《革命与乡村——土地改革前后华北乡村权力的变迁》，载《广东社会科学》2013年第3期。

一为特征的人民公社体制一直持续到1983年；之后经过基层群众性自治制度的确立实行的是以村民自治为基础、乡镇政府指导的乡村村治体制。

（一）新中国成立初期的"乡（村）政权"治理模式

新中国成立之初，党面对的首要任务是稳固新生政权，在全国范围内顺利完成土地改革以实现社会稳定。乡（村）治理模式的第一个阶段是从1950年冬到1952年年底。1950年年底政务院颁布的《乡（村）人民代表会议组织通则》和《乡（村）人民政府组织通则》规定："乡级政权与行政村作为农村基层行政区划同时存在，其规模由一村或数村构成，户数在一百到五百户之间不等，人口在五百到三千人之间，这是一种'小乡制'的模式。"乡村人大会议中听取人民群众的意见和建议，审议本乡的经济社会发展规划，将群众关注的社会问题向政府反映。乡、行政村的政府由正副乡（村）长和多名文员组成，经由同级人民代表大会选举产生，通过定期召开的乡正副委员会领导乡村工作，会议召开一般每十天或者半个月举行一次，其具体的工作职责主要包括领导乡政府各部门的工作开展并检查实施情况、审议乡人民政府会议通过的各项决议、执行上级政府分决议和命令。农业合作化运动，是"乡（村）政权"模式的第二阶段，最终建立起"政社合一"的人民公社。与此同时，传统乡村社会的神权、族权和绅权经过一系列群众政治运动的推动被彻底打倒。乡村基层政权建制方面，1954年宪法颁布之前实行的是乡与行政村共同作为农村基层一级行政区划，人民代表大会和人民政府作为乡、行政村的基层证券机构，值得注意的是乡与行政村在此时只是在规模上存在差异。在县以下一般设置区，区域作为县下设的一级基层政权组织或作为县的派出机构，领导乡（行政村）政府开展工作。1954年颁布的《中华人民共和国宪法》规定："乡、民族乡是农村基层行政区划，乡政权是农村基层政权，是国家政权的有机组成部分。"①

（二）人民公社时期的"政社合一"模式

在1958年8月的中央政治局会议上通过的《关于在农村建立人民公社的问题的决议》指出："由于人民公社实现了工农商学兵的结合，超出了单一的经济组织的范畴，而成为经济、文化、政治、军事的统一体，乡一级政权当然就没有单独存在的必要，必须同公社合而为一。"②自此全国各地开始撤乡建社，人民公社取代乡政权成为农村基层行政建制，我国乡村治理模式进入人民公社时期。

人民公社体制是一个全能主义治理结构，集经济、政治、文化和社会管理实务为一体，突出特点有三个："一大二公"、"政社合一"、党的一元化领导。人民公社应当实行统一领导、分级管理的制度，公社的管理机构由人民公社、生产大队、生产队的层级组织组合而成，以生产队为基础形成"公社—生产大队—生产队"三级治理组织体系。

人民公社实行的是政社合一体制，人民公社集经济组织

---

① 祁勇、赵德兴：《中国乡村治理模式研究》，山东人民出版社2014年版，第38页。
② 孙伟宣：《共和国风云四十年（1949—1989）》，中国政法大学出版社1989年版，第331页。

与基层政权组织于一身，管理着农村各项经济工作、社会工作；生产大队则作为公社的执行组织，进行管辖区域的经济核算工作，分片管理工、农、商、学、兵，由公社统一负责；生产队作为生产大队的基本组成单位，具体负责组织生产队的农民进行集体劳动和集体分配事宜，为社员提供集体政治活动和经济生活的基本政治平台。

在机构设置方面，公社、生产大队、生产队的社员代表大会分别作为公社、生产大队、生产队的权力机关，公社、生产大队和生产队的管理委员会分别作为公社、生产大队、生产队的管理机关。根据人民公社条例，由各级社员代表大会选举产生各管理委员会的成员，按照民主原则管理公社，但由于受到"以阶级斗争为纲"政治路线和党一元化领导体制的影响，人民公社、生产队的干部大豆是由人民公社的党委领导进行任命，使"民主办社"停留于口号上。

作为国家基层政群组织的人民公社推行"政社合一"模式，将政权与社会相结合，统一于党的领导之下，实现了党对乡村社会的直接控制，出现了乡村社会党政合一的趋势，确保党在乡村社会的绝对领导地位，强化党对乡村社会的经济、政治、文化的直接控制和全面渗透。①

（三）改革开放以来的"乡政村治"模式

1978年党的十一届三中全会胜利召开，标志着中国正式

---

① 祁勇、赵德兴：《中国乡村治理模式研究》，山东人民出版社2014年版，第39-40页。

第一章　中国乡村治理的历史演进及其特点

进入改革开放的时代，农村地区面临政治、经济的全面改革。原有的人民公社体制下基层组织运行无序，引发诸多政治、经济、社会问题。1982年《中华人民共和国宪法》重新规定了基层行政体制。宪法规定："乡、民族乡、镇是我国最基层的行政区域，设立人民代表大会和人民政府。按照居住地成立的居民委员会是农村基层群众自治组织。"1983年10月12日，中共中央、国务院下发了《关于政社分开、建立乡政府的通知》，进一步明确指出在建立乡政府的同时，设立村民委员会作为基层群众性自治组织。1985年5月，全国政社分开、建立乡政府的工作全部完成，1985年年底，全国建立村民委员会的工作也基本顺利完成。自此，"乡政村治"成为一种新的乡村治理模式。

"乡政村治"模式是中国基层政治运行过程中的典型治理模式，基层乡镇政府作为农村的基层政权组织，在组织设置方面与县级政府组织保持一致，乡镇政府的主要领导干部由同级人民代表大会选举产生；乡镇以下的村庄不再设一级政权组织，由村委会和村民小组作为基层群众自治组织实行村民自治，进行自我管理、自我教育、自我服务，乡镇政府对村委会的工作进行指导，而不是领导与被领导的关系。乡政村治作为一种新的乡村治理模式，在国家统一领导下，引导农民群众积极参与民主政治生活，有利于农村社会的稳定、民主的发展、国家政权的长治久安。

20世纪90年代以来，随着乡村社会的发展，"乡政村治"这一模式在运行过程中面临不利局面。乡镇政府机构臃肿、人浮于事、效率低下，干部与群众之间关系紧张，群体性冲突事件屡见不鲜；村民自治沦为金钱竞选游戏，农民参与政治生活的热情不高、态度冷漠，村民参政议政能力不高。

跨入21世纪，中国乡村治理进入一个新的发展阶段，乡政村治治理体系下出现了协商民主的实践形式，基层管理者和民众探索出多种协商形式，如村民会议、居民会议、民主恳谈会、民主听证会、社区论坛等，它们之中有的来源于基层群众自治制度，有的则得益于基层治理主体和参与主体的创造。多种协商形式的存在为基层民众参与基层政治生活提供了制度化的参与途径，保证基层民众积极地参与到公共事务的管理与决策之中，基层民众参与协商、共同讨论，积极参与到政治生活中，为乡政村治注入了活力。①

三、后税费时代的乡村治理

税费改革对乡村治理影响很大，2006年全国范围内取消了农业税，自此两千多年的农业税在中国宣告历史终结。从政府与村民的关系来说，取消农业税缓和了村民与乡镇集体的矛盾，稳定了基层政权，与此同时，政府对村民的管控相对减少，乡村公共设施的资金来源就减少了。这个阶段的乡村治理呈现出的特点与困境不同于此前。这个阶段乡村治理中出现的困境归纳起来主要有：1.乡村公共基础设施的投入中，乡村社会尤其是农村所供给的税费就减少了，乡村的财务出现了公共

---

① 祁勇、赵德兴：《中国乡村治理模式研究》，山东人民出版社2014年版，第40–41页。

财政方面的危机；2.取消农业税以后，县乡村的三级设置中乡政府的职能作用就大大减少，此前主要的收费职能现在已经因取消农业税而不用履行，乡镇政府也就仅仅起着上传下达之作用，但是一旦出现问题，村级和县级都可以归责于乡镇政府，概言之，这也就是税费改革带来的乡镇政府的职能危机；3.乡镇政府的公务人员在工作中，因接触村民几率降低，反而因为部分工作人员存在贪腐等行为，农民对其信任度大大下降，基层政府的公信力也因部分人的行为而大打折扣。

四、乡村治理模式演变的原因分析

不同历史阶段，国家实施了不同的乡村治理模式，治理模式的演变反映了农村社会的转变，是社会治理转型的体现。乡村治理模式演变的原因主要有经济原因、政治原因、文化原因等。具体而言：

（一）经济原因分析

1958—1978年期间，我国农村实行"政社合一"的人民公社的农村经济集体经济体制。在计划经济体制下，国家政权对于农村集体经济发展模式具有绝对的控制权，也最大限度地限制了农村居民自由地发展和农村社会自治的实现。事实证明，这样的经济制度严重阻碍了我国社会主义生产力的发展。国家为了挽救日益消退的经济，采取了家庭联产承包责任制，农民对自身劳动力拥有了完全支配权，并可以自主决定其生产经营活动。伴随着我国改革开放和社会主义市场经济制度的建立，城镇化发展和全球化发展加快了劳动力和市场资源在空间上的流动速度，中国的乡村社会也发生着前所未有的改变。农民不再只是从事农业生产，参与经济活动的范围和领域都在扩大，这就改变了原有的城乡二元结构。完善"乡政村治"，成为新时代我国不断深化改革，继续完成社会发展模式转型的题中之义

（二）政治原因分析

新中国成立后，农村问题是党面临的头等问题。为了确保对农村的实际控制，大力发展农村党员，通过农村基层党组织实现对农村和村民的管控，保证当时农村社会的长治久安和国家政权的稳固。但是，"党政合一"不利于乡村的民主化进程。直到1981年6月，党的第十一届六中全会通过的《关于建国以来党的若干历史问题的决议》提出："在基层政权和基层社会生活中逐步实现人民的直接民主。"1982年9月，党的第十二次全国代表大会进一步强调："社会主义民主要扩展到政治生活、经济生活和社会生活的群众自治。"1982年修改的宪法，将乡政村治正式确立为新型乡村治理模式。

（三）文化原因分析

农民们经过艰苦卓绝的抗日战争、解放战争、土地改革、三大改造、人民公社化的洗礼，对党建立起了坚实的信任基础。然而，随着农民生活水平恶化，农民自由受到极大限制。党在广大农民群众中的威信和信任受到一定的质疑。

"乡政村治"体制的建立不是直接借助于国家的行政强制力进行强制推动的，而是通过国家根本法规定和制定《中华人民共和国村民委员会组织法》（以下简称《村组法》）的方式将村民自治纳入法治轨道确保其具有法制权威性，其法制权威性得益

于宪法对乡村治理模式的宏观规定和《村组法》对于村民之间的权利和义务关系的具体规范。将村民自治内生为村民的自觉参与需要，积极引导村民树立当家做主的意识，通过宣传法律知识使村民认识到村民自治的重要性，从而积极参与到村民自治活动中，村民的文化素质水平影响乡政村治体制的运行。①

五、乡村治理实践经验

我国在乡村治理的实践探索过程中所取得的丰硕理论研究与实践成果充分说明了乡村治理本身的重要性。尽管新中国成立以来乡村治理在实践中道路坎坷，困难重重，但也获得了可喜的成就，其中成功的经验和失败的教训值得总结。

（一）坚持基层政府在乡村治理中的主导地位不动摇

在我国乡村治理中，村民自治虽然取得不小的成就，但是由于农民本身的特殊性，村民自治在农村社会的发展过程中仍然任重道远。基层政府在乡政村治体制中的指导地位要求基层政府在行使自身职能权限的同时必须积极引导村民自治的健康发展，必须对村民自治中发生的无序混乱等一系列违法行为予以监督纠正，积极引导村民有序地参与乡村治理活动。基层政府作为国家基层政权机关，是国家治理体系中最基础的构成单位，在进行社会治理的过程中必须发挥指导作用，通过引导、梳理"乡政"与"村治"的关系，及时转变政府职能，以

---

① 祁勇、赵德兴：《中国乡村治理模式研究》，山东人民出版社2014年版，第42-43页。

适应社会变迁和人民需要，这不是要求政府通过行政手段加强对村民的控制，而是寻求如何更好地为村民服务，为村民参与村民自治创造良好的政治环境和经济环境。

（二）发挥村级组织在乡村治理中直接的组织领导和实施作用

村级组织作为村民自治的重要组织载体，是相关法律规定的乡村政治组织，是村民积极行使管理乡村公共事务权力的重要平台。村级组织在乡村治理中居于基础地位，乡村治理的好坏在很大程度上取决于村级组织是否发挥了应有作用。在乡村这个"熟人社会"中村级组织的组成成员——村干部以其特有的优势进行乡村治理，是乡镇政府一级所不具备的。村干部应积极发挥带头作用，带动村民参与村级事务的管理，组织村民积极有序参与到基层政治生活中。

（三）重视"能人"与第三方组织在乡村治理中的补充作用

乡村治理是一个综合性、复杂性的工程，涉及的不仅是政治、经济、文化，而且也涉及人们的心理、传统的习惯。能人治村也是当下中国江浙等发达地区的常态，他们往往在政治、经济、文化等方面有不同于普通村民的一面，充当乡村治理的带头人他们能够以自己的影响力、感召力带动村民致富、发展基层民主等，在民主选举、民族决策、民主管理、民主监督等方面作用明显。第三方组织，比如农业合作社等对乡村治理也能够起到降低政府治理成本、增加社会治理主体、促进治理多元格局的形成的作用。因此，应该高度重视能人治村和第三方组织在乡村治理中的作用。

第二章

法治中国进程中乡村治理的现状与瓶颈

第一节　法治中国进程中乡村治理的现状

　　法治中国进程中的乡村社会不再同于传统中国的乡村社会，在新农村建设、城乡一体化建设、新型城镇化建设和当下的特色小镇建设等一系列农村改革建设浪潮中，广大农村地区发生了翻天覆地变化，从此前的土房变成了一座座整齐划一的居民楼，从此前的"十里一人家、八里有一户"变成了当下的移民小区聚居。农村社会在人员上出现了"四分离"，即村委会与村民长期分离，农村党员与农村党支部长期分离，家庭主要劳动力与留守的"老人、儿童"长期分离，土地承包方与发包方、经营方长期分离。农村在人口流动上呈现的是：流动速度快，普遍从乡村流向城市，随之带来的资源上也是土地、资源、劳动力等要素也纷纷流向城市。这些变化也对乡村社会的治理产生了影响。当下的乡村治理结构、治理主体、治理对象和治理内容与此前有很大不同。

一、法治中国进程中乡村治理的结构

乡村治理结构是与乡村治理具有内在联系的两个不同概念,贺雪峰教授将其定义为,乡村治理结构包括三方面要素,即村庄基本秩序状况及其维系机制、村干部的角色与动力机制、乡村关系状况。刘晔指出,乡村治理结构作为治理权力运作、变更的组织架构,直接决定这乡村公共事务的组织与管理、社区公共资源的动员与调控。徐晓全认为,乡村治理结构是指乡村社会在一定时期内较为稳定的治理模式。①笔者认为,乡村治理结构是指治理主体对乡村关系调处、乡村权力运作的一种模式,这种模式或者说这种治理格局在一定时期内具有稳定性,治理结构中较为核心的是主体对乡村社会资源的配置,配置方式在一定程度上决定了乡村治理的成效。中国乡村治理结构主要历经传统社会的"县政乡治"模式、新中国成立初的"乡(村)政权"模式、人民公社时期的"政社合一"模式与改革开放后的"乡政村治"模式等阶段的历史变迁。②基于本节时间跨度限定在法治中国进程中的乡村治理,因此下文所涉及的主要是新中国成立后的乡村治理结构。

(一)乡村治理结构的现状

1.乡村治理结构的历史变迁(1949年至今)

新中国成立以来,我国乡村治理结构的演变可大致分为

---

① 徐晓全:《当代中国乡村治理结构研究:现状与评析》,载《领导科学》,2014年3月中旬。
② 吕云涛:《中国乡村治理结构的历史变迁与未来走向》,载《山东省农业干部管理学院学报》,2010年第2期。

第二章 法治中国进程中乡村治理的现状与瓶颈

三个时期,相应地,也就有三种不同的乡村治理结构模式,即政治导向的乡村治理结构模式、城市工业化导向的乡村治理结构模式和市场经济导向的乡村治理结构模式。

(1)政治导向的乡村治理结构模式(1949—1956年)

新中国成立到1956年实行社会主义改造期间,中国面临改革封建的土地所有制和农业的社会主义改造,在实现"耕者有其田"的基础上建立社会主义农业制度。党根据农村各阶级、阶层的经济地位和他们的政治态度,制定了"依靠贫农和雇农,团结中农,中立富农,有步骤有分别地消灭地主阶级"的阶级路线。在各级党组织的领导下,依靠各级政府和建立农会组织,用广泛发动群众和阶级斗争的方法,开展了一场轰轰烈烈的土地改革运动,并于1956年年底完成了土地改革任务。在全国范围内大力发展农业合作组织,通过农业合作化实现社会主义农业改造的历史任务。与此同时,党和政府还通过在全国建立国营农场的经济组织形式,发展农业生产力和为国家提供必需的农产品。党在农村的这些治理结构设置是符合乡村治理结构合理化标准的,乡村社会治理的效果也是明显的,不仅保证了农村政治任务的顺利完成和农村社会的稳定,而且促进了农业生产力和农村经济的快速发展,治理组织的运行成本和农民群众的参与度也达到了一个比较理想的状态。①

---

① 苗树彬:《公共服务视角下的中国乡村治理研究》,华中科技大学硕士学位论文库,2008年10月。

(2)城市工业化导向的乡村治理结构模式(1957—1978年)

由于在对经济体制、乡村治理结构等方面的"左"倾认识,加上城市工业化对农产品供给和国民收入分配的刚性要求,从1957年开始,我国乡村治理结构开始向非理性变迁,在不到一年半的时间里,完成了初级社向高级社、高级社向人民公社的所有制升级和组织变迁。尽管年对乡村治理结构转换中的非理性行为进行了必要的矫正,推行了"三级所有,队为基础"的组织体制模式,乡村治理结构不合理的问题也未从根本上得到解决,这一状况一直延续到改革开放乃至更晚一些时候。

城市工业化导向的乡村治理结构模式的典型特征是以政代企、政企不分,党政组织包揽几乎所有的乡村事务,以超经济的行政强制代替经济社会发展的客观规律,从农业和农村中取得多,予得少。事实证明,这一时期的乡村组织结构设置和制度安排几乎完全以城市工业化为导向,乡村治理结构只不过是为城市工业化提供农产品和资本积累的组织手段,而农村自身的建设和发展则被置于一个从属的、不得不为之的地位,至于乡村治理结构的运行成本和农村建设的投入产出效果,则几乎被政治热情的冲动所淹没,"只算政治账,不算经济账""人定胜天"的政治口号替代了客观经济规律,加之各种政治运动的冲击,农业生产力和农村经济长期徘徊不前,农民生活和农村面貌改善较少,个别地方的农业生产和农民生活水平还不如解放初期,甚至低于解放前。

(3)市场经济导向的乡村治理结构模式(20世纪80年代以来)

第二章 法治中国进程中乡村治理的现状与瓶颈

20世纪80年代以来的农业家庭承包制创新向不合理的乡村治理结构发出了一记重炮,由此拉开了"一元化"城市工业化导向的乡村治理结构模式向市场经济导向的乡村治理结构模式变迁的序幕。家庭承包制作为农民自身对无效率的乡村治理结构模式的理性回应,它向整个中国社会发出的普示是"要方向,还是要产量""要形而上学的政治要义,还是要人民群众生活富裕的社会主义"。小平同志说得好,"贫穷不是社会主义","发展是硬道理"。固守不合理的计划经济体制及城市工业化导向乡村治理结构模式,其结果只能是共同受穷,改革开放才是社会主义我国的唯一出路理论分析表明,不仅计划经济体制下形成的基层政府机构设置和管理体制因运行成本高昂而有悖于改革开放和社会主义市场经济发展的要求,而且作为当时乡村治理组织主体的农村集体经济组织由于产权不清、责任不明、政企不分、激励约束机制缺失等问题,也难以适应农村生产力发展和农民生活改善的要求。要发展农村生产力,实现治贫致富,使广大农民过上富裕小康的生活,就必须改革不合理的农村管理体制和组织制度,加快乡村治理结构创新。

20世纪80年代开始,中国乡村治理结构开始向市场经济导向的乡村治理结构模式演变,所有制结构多元化、经济形式和分配方式多样化成为这一时期乡村治理结构的典型特征。20世纪80年代中期开始,基层政府机构改革被提到政府议事日程,服务型政府的改革目标日渐明朗。然而,由于财政分配体制的钢性约束和干部人事制度改革的滞后,加之干部队伍中的知识贫困和社会制度知识的普遍缺乏,乡村治理结构中依然存在着许多与社会主义市场经济和农村小康社会建设不相适应的方面。主要表现在：第一，乡镇政府机构臃肿、人浮于事、政府执政成本居高不下的现象和问题在不少地方未能得到有效解决，乡镇政府的执政能力、执政水平和施政成效有待进一步提高。第二，农村公共产品供给短缺的问题长期得不到有效解决，农村集体经济组织制度和经营体制创新远未达到与社会主义市场经济相适应的理想状态，"产权清晰、责任明确、管理科学、负担合理"的改革目标未能全面而有效实现。尤其是在如何深化改革农业经营体制、如何创新农村供销社和信用社管理体制和组织制度方面陷入了困境。第三，农村合作组织及其他民间社团组织未得到应有发展，尤其是农村合作组织发展滞后于社会主义市场经济发展和小康社会建设的要求，致使小农户与大市场的矛盾未能得到全面而有效的解决，农民收入增长缓慢，农民生活水平和生活质量提高不快，影响了农村小康目标的全面实现。第四，乡村治理的民主化、科学化、法制化水平不高，致使治理结构运行的成本总体过高，除农村生产力发展较快外，乡村社会其他方面的治理成效不甚理想。①

2.乡政村治的治理格局

"乡政村治"的治理格局是我国农村地区自1983年延续至今的一种最基本的社会组织形式，也是独具中国特色的农村政治形态。这是我国较为普遍的一种乡村治理结构。该治理格

---

① 苗树彬：《公共服务视角下的中国乡村治理研究》，华中科技大学硕士学位论文库，2008年10月。

局的形成，国家政府在农民为追求自身利益的压力下，最终顺应了农民的要求而做出的制度性进步，是农村市场经济发展和社会全面进步的需要，出于化解当时社会矛盾和保持农村社会稳定的需要。①"乡政"是乡一级国家基层政权，也是我国最基层政权，即乡镇人民政府，具有行政性和部分集权性质，而"村治"即村民对本村事务实行自治，村治的组织是村民委员会，具有独立性、自治性、民主性。"乡政"与"村治"貌似冲突，但在我国具有一元二体性，"一元"是指国家权力和村委会的权力来源都是人民，在农村地区都属于村民，"二体"是指两者产生方式、具体职能目标和所属组织系统不同，乡政权组织是间接选举产生，负责提供公共产品和社会服务，由乡人大、政府组成，乡党委属于"准权力机构"；而村委会属于自治组织，是直接选举产生，负责农村经济社会发展的具体事务。②

3.乡村社会自治的现状

乡村社会的自治主要依托于自治组织，在当下我国的乡村社会主要有村民委员会和乡村第三部门组织。

村民委员会组织源于1980年广西的宜山、罗城的农民自发组织成立的，后来在四川、河北等省份也相继出现了类似组织，且涉及经济、文化等不同领域，在1982年的宪法确认了村民委员会的自治属性，1988年我国出台了《村民委员会组织

---

① 于建嵘：《岳村政治》，商务印书馆2001年版，第312页。
② 祁勇、赵德兴：《中国乡村治理模式研究》，山东人民出版社2014年版，第131页。

法》并开始试行，1998年正式出台《村民委员会组织法》，自此我国乡村社会中村民委员会的自治于法有据，乡村自治的主体性组织的法律地位得以确立。此后随着经济的发展，社会的变迁，村民委员会在实践中承担着乡镇政府与村民间的桥梁，但是该桥梁主要起着贯彻落实乡镇政策的作用。

（二）乡村治理结构存在的问题

乡村治理结构中存在的问题主要可以概括为权力冲突、关系不畅、财政困难、地方自治程度低等。

1. 各种关系不畅和村落权力的冲突

乡村治理结构中的关系不畅具体体现在"三个不畅"，即县乡关系不畅、乡镇与村之间关系不畅、村两委关系也不畅。在这三重关系之中，矛盾较为突出的是村两委关系以及县与乡镇政权关系。村两委关系、县乡关系不畅主要是由于权责不明确，乡镇府因为处在中间环节，似乎就成了责任和问题的承担人，实践中往往起到了上传下达的作用，却缺乏民情上传之功能。而两委之间自治性被淹没于行政性的事务工作之中。

2. 乡镇地方财政困难

乡镇政府供养人员膨胀，财政问题较为突出，尤其是农业税取消以后，乡镇财政主要依靠财政转移支付。在政府负债日益加重的宏观形势下，地方政府尤其是基层政府（乡镇政府）负债也呈现出了债务增加之趋势。

3. 自治化程度低下

自治化程度低主要体现在以下：（1）村委会的自治程度

低。基于村委会角色的双重性，村委会在实际的权力运行中承担了乡镇政府的部分职责，因此行政权往往淹没了村委会的自治权色彩。（2）乡村社会组织自治程度低。我国的乡村社会毕竟不是商品经济、市场经济高度发达的环境下成长起来的，因此，乡村社会组织的自治性、规范性不够高。

（三）乡村治理结构的完善

1.加强基层人大建设

人民代表大会制度是我国的根本政治制度，是代议制在我国的实现形式。《地方各级人民代表大会和地方各级人民政府组织法》规定了乡镇人大的13项主要职权，涉及面比较广泛，涵盖了地方的政治、经济、文化等诸多领域的重大事项的决定权。乡镇一级的人大若能够承担起保证国家权力在区域范围内有效运行的权力，就有利于基层民意的传递，有利于保证乡镇政府依法行使行政权和承担起各项行政管理职责。

2.改变乡镇权力的来源结构

要做实基层人大制度，让乡镇人大真正承担起相应的职责，就必须改变乡镇权力的来源结构，完善乡镇人大权力行使机制。目前在中国的乡村实践中，乡镇一级的权力产生机制是由上级提名，运作机制也是自上而下，缺乏监督。转变乡镇权力来源结构，要以自下而上的选举代替自上而下的赋予是解决的最佳途径。在实践中就是对于乡镇党委书记和乡镇长的产生方式进行改变。假设乡镇党委书记是由选举产生的人大主席兼任，当然必须保证人大主席是由执政党在选举内混合采用相对多数制和比例代表制选举产生，这样就保证了乡镇人大代表中执政党的半数席位,然后由乡镇人大代表选举产生人大主席,这样就可以保证尊重选民的意愿且保证执政党的地位。①

3.协调乡镇政府和村委会的关系

在目前的乡村实践中,村民委员会不是乡镇政府的派出机构,村委会的事权、财权没有得到乡镇政府的支持,但是却无偿承担乡镇政府的好多工作,积极协助乡镇政府在农村地区贯彻落实各项政策,出现了严重的权责不明确、不对等,乡镇政府和村委之间界限不清,导致乡镇政府与村民之间的部分矛盾转移转化为村委会与村民之间的矛盾。为解决这些问题,建立一套科学合理、相互制衡的成熟职权划分体系对于乡镇政府和村民委员会而言都是十分必要的。第一,各级政府承担好本级的职能,社会实行分层治理,由中央、省、市、县承担的行政职能决不能随意转交给乡镇政府处理。第二,法律要明确规定乡镇政府职权,划清乡镇政府与村委会的界限,明确权责,要保证村民自治组织应有的独立性,让村民委员会真正成为群众"自我管理、自我服务、自我教育"的组织,而非乡镇政府的"权力附庸"。第三,国家应该对村民自治组织协助办理的事务拨付相应的经费。②

---

① 祁勇、赵德兴:《中国乡村治理模式研究》,山东人民出版社2014年版,第111页。
② 祁勇、赵德兴:《中国乡村治理模式研究》,山东人民出版社2014年版,第113页。

二、乡村治理主体呈现多元特点

近年来新农村建设的不断推进，城镇化发展进程在加快，很多农村地区实施包括撤乡并镇、行政村重划分以及移民小区开发等各项政策，使得农村社会的治理主体发生了很多变化。法治中国进程中乡村治理主体的现状主要可以概括为以下几个方面：

（一）治理主体中，主体类型日渐多元，仍以政府为主导

传统中国纯粹是政府单向度主导下由基层政权组织来承担管理职责，法治中国进程中，治理主体是多元多层次的，但仍然是以政府主导下的。当前，我国乡镇政府依旧是主导乡村社会发展的最主要主体，村民委员会是乡镇政府用以免费无偿执行乡镇政府政策、决定的机构，而乡镇政府权力运作机制依然是自上而下缺乏制衡的主机管理模式，另外，由于乡镇政府在很多方面，比如财政税收、救灾救济款的分配、转移支付、医疗救助和农村医保等占据支配地位。①

（二）乡村成员的民主权利意识发生变化，公民意识有待进一步培育

社会经济的发展、民主法治的进步、信息的传播，都促进了乡村成员民主意识、权利观念有了很大变化，农民对国家惠农政策的关注也正是对自身权利关注的一种体现，农民逐渐认识到自身的民主权利和经济利益，对此的关注度不断提

---

① 祁勇、赵德兴：《中国乡村治理模式研究》，山东人民出版社2014年版，第111页。

高，于是出现了乡村利益主体多元化、利益矛盾化和利益诉求的多样化日益凸显。①

不可否认，随着《村民自治组织法》等基层自治法规的出台，伴随着经济的不断发展与活跃，乡村成员的公民意识②在逐渐觉醒，随着中国社会改革的不断深化，乡村治理需要不断推进，培育农民的公民意识日益迫切。

一方面，乡村成员的公民意识在觉醒但是比较缺乏；另一方面，乡村社会的发展与转型客观上要求增强乡村成员的公共精神和公民意识，以此为乡村治理提供精神基础。"健全和稳定的现代民主不仅仅依赖于'基本结构'的正义，而且还依赖于公民的品性和态度"。③在中国传统社会，由于在经济和政治上的弱小，以及对于皇权的颂扬、崇拜，农民形成了对于国家政权服从和依附的政治心理。改革开放以来，随着市场经济的不断发展和村民自治的全面实践，乡村成员的维权意识和

---

① 祁勇、赵德兴：《中国乡村治理模式研究》，山东人民出版社2014年版，第120页。
② 公民意识一般而言，是公民对其就基本社会身份及其价值理想的自觉和理性的反映，包括公民对其自身的价值追求及其在社会和国家中的地位、权利和责任所形成的的自觉和理性的反映。公民意识一般可以分为两个维度，即公民的主体意识，包括公民作为政治主体所拥有的的权利意识、自由意识、平等意识、参与意识等，另一方面就是公共意识，包括公民面对生活环境时所产生的法律意识、协商意识和公德意识等。引自李松玉等著《中国乡村治理的制度化转型研究》，山东人民出版社2014年12月版，第222页。
③ [美]威尔·吉姆利卡、威尼·诺曼：《公民的回归》，江苏人民出版社2003年版，第34页。

法治观念不断提高，相对独立的政治人格逐渐成形，这些都激发了乡村成员对自己政治权利的自觉维护和对乡村公共事务的参与欲望。但是，当前就总体而言，农民政治素质还有待进一步提高，历史铸造的政治淡漠意识，对权力的驯服和崇拜，在我国农民中间仍然普遍存在，并从根源上制约着他们的利益表达和对政治生活的参与。[①]

法治中国进程中的乡村治理，并不意味着基层的司法机构和行政机构是乡村社会的唯一治理主体，我们应该看到社会转型期在中国广大农村地区矛盾多元、利益多元、思想多元，我们的治理主体也应该是多元的。乡镇政府应该是乡村治理的领导者，是国家权力的基层代理者，也是多元治理主体的协调者。村民委员会（村民自治组织）应该是乡村社区利益的代表。乡村社会组织应该成为乡村治理的中坚力量，要成为乡村公共物品的供给者、社会资本的凝聚者和乡村秩序的维护者。当地的村民更应该成为乡村治理的基础性力量。[②]

（三）村民自治组织等基层组织功能有待进一步发挥

我国农村基层自治组织就是村民委员会，村民委员会与乡镇政府都是乡村治理中的重要组织，但是现实中，乡镇政府和村民委员会之间是难以划分一条完整的权力与权利的界限，村民委员会更多的是在协助乡镇政府开展工作，基层政治环境

---

① 李松玉、张宗鑫：《中国乡村治理的制度化转型研究》，山东人民出版社2014年12月版，第223页。
② 祁勇、赵德兴：《中国乡村治理模式研究》，山东人民出版社2014年版，第126–131页。

中的行政行为主要是村民自治组织履行。村民委员会所履行的只能表现为无偿性、单向性甚至是强制性等特点，并不具备自我管理的职能。我国乡镇政府的工作人员承担了大量的工作任务，在各方面非常缺乏和简陋的情况下依然借助村民自治组织完成上级下达的各项任务，维持着农村的各项发展，尤其是在民政、征兵以及治安保卫等方面发挥着非常重要的作用，离开了乡镇政府工作人员，离开了村民自治组织的配合，任何事情都不会成功。[①]村民自治组织（村民委员会）似乎成了乡镇政府的附庸，丧失了该制度设计的初衷，它应有的独立的自我价值没有真正发挥出来。今后就需要进一步明确乡镇政府和村民自治组织的乡官职责和权力，严格遵循权责对等原则，这也为建立争议解决机制提供了条件，尤其是在乡镇的权力中心不断地转移到人大后，乡镇政府和村委之间的界限才会变得清晰。[②]

（四）乡村干部依法治村意识和水平有待进一步提升

法治，是现代国家治理的重要方式，也是检验一个国家政治文明程度的重要标尺。对于我国乡村治理实践而言，法治是一道红线。依法治国意味着乡村干部要依法治村。目前，我国乡村干部的法治意识和法治水平确实有所提高，比起20世纪70年代以前，我们乡村干部的法治水平有了明显提高。但是广大农村地区乡村治理中依旧存在很多的法治缺陷，乡镇政府的

[①] 祁勇、赵德兴：《中国乡村治理模式研究》，山东人民出版社2014年版，第112页。

[②] 祁勇、赵德兴：《中国乡村治理模式研究》，山东人民出版社2014年版，第112—113页。

主要官员理应肩负着村民依法自治的重要职责，但是他们却在村民自治的问题上缺乏一些法治常识，部分村干部不懂法律甚至漠视法律，强调坚守一些不合时宜的村规民约严重损害了基层政府在人民心中的形象和权威，从而引起相当程度的群体事件，甚至会引发一些严重的暴力事件等。①

三、乡村治理对象的多样性

法治中国进程中乡村治理的对象不仅仅包括乡村社会的村民、村干部，还包括人们常说的"钉子户""灰色势力""村霸"，从治理的事情来说，当前主要治理的是乡村之贫困。

（一）人："钉子户""灰色势力"等

钉子户与村庄治理直接有关，如果说"刁""滑"及"赖"是钉子户在村庄日常生活及社会结构中的定义，那么，"钉子"则是村庄治理过程中的直接表现。能够成为村庄治理中的"钉子"，除了个人的性格、家庭及其在村庄结构中的地位外，还与其在村庄治理中的地位有关。

当一个村庄精英同时也是钉子户时，对于乡村干部而言，这是浮现在治理过程中的明处的障碍，也是最难处理的"钉子"。那些在村庄结构中处于相当地位的钉子户，无论是"刁""赖"还是"滑"，有其合法性，他们实际上是家族利

---

① 祁勇、赵德兴：《中国乡村治理模式研究》，山东人民出版社2014年版，第109页。

益的代言人。

对于乡村治理而言，政策实施的阻力首先来自钉子户的反抗，而对于乡土社会而言，总有处于乡村文化边缘的人，不同区域的农村，钉子户的分布也很不一样。村落社会的性质直接决定了国家政策的扎根程度，也即决定了国家政策与村庄主流文化的契合程度。这表现在钉子户的治理过程上，则是乡村社会广泛存在以反体制及反主流为特征的非主流文化，不同类型的边缘人是这一文化的主要创造者。事实上，村庄变迁的过程是村庄主流文化及非主流文化不断变迁的过程，并且，国家政策本身也不断改变，因而，钉子户的生存处境也处于不断的变动之中。[①]

（二）事：贫困

纵观我国农村发展历程，不难看出，广大农村是我国城市的资源攫取源泉，在工业化发展进程中和在城镇化进程中，是人财物的流出地。中国的现代化从某种意义上说就是乡村的大转型的过程。党自执政以来高度重视农村治理，历年中央一号文件大多涉及"三农"问题，法治中国进程中，推进基层治理的法治化，无非也是以法治作为保障农村社会稳定的制度基础。治理农村，从政策层面来说，党领导下的乡村治理，是立足中国农村现实，以广大农民利益为出发点和归宿，以惠农政策来引导农村经济发展。经济发展是农村社会和谐稳定的

---

① 吕德文：《治理钉子户——农村治理中的权力与技术》，见华中科技大学博士学位论文库，2009年5月。

物质基础,而经济发展不是主张贫困转移到城市,初衷在于治理乡村贫困。2016年发改委等部门联合出台的"千企千镇"的特色小镇建设规划,就是旨在因地制宜的去以当地区位要素为基础,以龙头企业来带动小镇经济的发展,实现的是以工业反哺农业,让农民能够就地脱贫,这样也弱化了市场配置资源带来的盲目流向城市,留住了农村的部分劳动力和资源。

（三）权:冲突

乡村治理的对象除了治理一类人、一类事,还要治理一种抽象的事务,那就是权的冲突,乡村社会目前的冲突从本质上讲是权力与权利之冲突、权力与权力的冲突、权利与权利的冲突。从现象上来说,这些冲突或纠纷集中表现为:城乡二元结构带来的城乡集体权利之冲突（延伸为城乡之间在受教育权、享受公共资源等方面的权利之冲突）与城镇化快速发展相伴随发生的征地拆迁纠纷、村民内部的"灰色暴力"与基层民主权利之冲突、基层政府滥用公权力导致的公权侵犯私权和压制基层自治等冲突。基于政府权力与公民权利、乡镇政府权力与村民委员会权力冲突的治理并非乡村治理主体所独立解决之冲突,此处不做讨论。乡村治理对象语境下的权的冲突主要指村民之间的权利冲突或称为纠纷。村民之间的纠纷是历代乡村治理的核心,法治中国进程之中,也同样把乡村纠纷作为治理的重点。针对乡村社会的纠纷,目前的实践中除了有派出法庭、乡村司法所之外,中国东部沿海地区的部分乡村还设有村民调解委员会、调节室、道德讲堂等以此作为村民解纷机制的机构。

第二节　法治中国进程中影响乡村治理的因素

法治中国进程中影响乡村治理的因素是多重的，最为基本的是生产力的不断变化，我国自1840年至今一直处在社会转型期，这样一个社会时期决定了乡村治理的影响因素是多重且复杂的。影响当前乡村治理的因素很多，其中制约性的因素主要集中体现在农村资源禀赋对乡村治理的影响、生产力发展水平对乡村治理的影响、政治制度对乡村治理的塑形、文化传统对乡村治理也有影响。其中资源禀赋对乡村治理的制约主要体现在以乡村人际关系资源为代表的社会资本的有限性、农村人口流动导致的精英外流导致人力资源不足、资源分配方式对治理也产生影响。从经济层面来说，传统小农经济对乡村治理既有积极影响也有消极影响，1978年以后的社会主义市场经济对乡村社会也产生了冲击，农业的现代化水平以及集体经济体制也对乡村治理有着重要影响。从政治层面来说，政治制度变迁为乡村治理的转型奠定了制度基础，基层民主自治制度也在逐渐改变乡村治理的理念与模式。从文化层面来说，乡村社会的封建迷信、民间宗教信仰、宗族观念等都对乡村治理有或积极或消极的影响。[1]从国家治理层面来说，国家主导下的城市化、信息化、法治化和现代化对乡村社会也产生了深刻的影响。

---

[1] 祁勇、赵德兴：《中国乡村治理模式研究》，山东人民出版社2014年版，第81–101页。

第二章 法治中国进程中乡村治理的现状与瓶颈

一、城市化进程对乡村固有生态的冲击

我国的城市化进程中不仅仅有城市化的内容,也有城镇化的发展。无论是城镇化还是城市化的发展都对乡村固有生态产生了深远影响。城镇化是我国社会转型的必然要求,也是城镇发展适应社会转型趋势的一种具体体现。在城镇化进程中,人口流动增速、农村固有生态发生改变,这些都对乡村治理提出了新要求。城市化则是我国从农业主导转向工商业主导的社会发展必经历程,也是一种趋势和必然,城市化加速了城乡之间的资源、人力等多方面的交换,这也对乡村社会产生了一定的冲击,对乡村治理而言,也是重要的影响因素。

(一)城镇化进程对乡村治理的影响

我国在2008年之前,农村人口占到8亿多,占据总人口的2/3还要多,城乡差别较大,农村成了城市发展资源的攫取之地,城市居民在选举等诸多权利上与农村有很大差别,也正是基于城乡发展的不平衡,国家相继提出了推进"城乡一体化"建设、"新农村"建设、"城镇化"建设、"新型城镇化建设"和当前的"特色小镇建设"。

城镇化建设在我国早已起步,从1978年城镇化率17.9%到1998年我国城镇化率达到 30.4%再到2014年城镇化率54.77%,我国城镇化率以年均增长1.02个百分点的速度稳步提高。但是新型城镇化建设是有别于传统的城镇化、工业化建设的,为了推进社会建设平稳、健康发展,我国提出了"新型城镇化"概念,2013—2014年度新型城镇化是我国社会、经济领域的备受关注的现象。我国出台了《国家新型城镇化规划(2014—2020

年)》,指明了新型城镇化的主要方向,制定了大中小城市和城镇协调发展、发展一线城市周边二线城市等发展战略。不仅指导了我国城镇化发展方向,更对土地规划、农业资源配置等土地利用、土地管理工作提供了指导。2016年"特色小镇"建设又成为一种比较接地气的时尚,国家出台了《住房城乡建设部国家发展改革委财政部关于开展特色小镇培育工作的通知》(以下简称《通知》)(建村〔2016〕147号),明确提出,到2020年,我国将培育1000个左右各具特色、富有活力的休闲旅游、商贸物流、现代制造、教育科技、传统文化、美丽宜居等特色小镇。《通知》指出培育特色小镇应当遵循因地制宜的基本原则,根据特色资源优势和发展潜力,科学确定培育对象,防止一哄而上与千镇一面;同时坚持以市场为主导,政府重在搭建平台、提供服务,防止大包大揽;并以产业发展为重点,依据产业发展确定建设规模,防止盲目造镇。可以看出,城镇化的进程在不断加快,乡村固有生态也在这个过程中不断受到冲击。具体而言体现为:

1.城镇化对固有生态的冲击

城镇化在实践中往往被误解为纯粹的城市化,2013—2014年国家提出"新型城镇化"建设,2016年国家专门出台"特色小镇"建设的文件,扭转了此前的城镇化实践中的错误理念。实践中一直以来存在几种错误的理念:错把城镇化理解为城市化,错把城镇化理解为户口的居民化,错把城镇化理解为房地产化,错把城镇化理解为工业化。诸如此类的错误理念对乡村原有的生态破坏了。其实,城镇化不仅仅是户口的城市化,不是简单地把农村户口转变为城市居民户口,更不是土地的房地产化。城镇化的发展进程对固有生态产生的冲击主要体现在:(1)土地纠纷的增多打破了此前相对安宁和谐的乡村秩序,恶化了干群关系,使得农民与村两委、乡镇政府等产生了利益冲突;(2)人口流动速度的加快,使得农民不再纯粹以农村原有的价值观念来评判乡村社会,转而以城市里的思维、观念来评判乡村社会,这就使得乡村原有的相对简单粗暴的治理不再具有天然的合理性;(3)城镇化的快速发展中,农村治理秩序在衰败的同时,城镇面貌发生了变化,生产方式、生活环境、文化等都受到了城镇化冲击。

2.城镇化促进乡村治理环境的改善

城镇化能有效地促进乡村治理环境的改善。在以前,我国的基本国情是人多地少。新中国成立以来,随着人口的急剧膨胀,人地矛盾紧张局面加剧。而城镇化的发展,改变了这一紧张形势。农民大规模地外出务工,不但为农村土地经营的规模化和家庭农场的发展提供了条件,而且增加了农民的收入,促进了乡村基层社会的稳定,乡村的社会道德风尚也得以明显好转。美国著名学者亨廷顿认为,"大多数现代化国家的农村相对稳定,这恰恰得益于都市化从外部为农村提供了横向流动的机会"[①]。

此外,农民在接受外来信息和价值观念上比以往任何时

[①] [美]亨廷顿:《变化社会中的政治秩序》,华夏出版社1988年版,第55页。

期都更加主动，使得农村传统狭隘的生活方式被打破。现代性的公民文化水平不断提升，这一定程度上为农民自治的发展准备了充分的条件。传统的农民生活方式更多的是在熟人社会中习得，政治社会化程度不高，人与人之间的关系在血缘关系之内维系。熟人关系圈之外的，常常不会产生信任关系。但是城镇化的发展，促使农民不得不直接面对一个陌生人社会，并在其中学会进行契约式换，以赢得他者的信任，适应复杂多变的城镇化生活。这在一定程度上使得传统农民摆脱了血缘关系的限制，离开家族宗族的庇佑，不断培育自己的自主意识。同时，市场化的规则，无时无刻不在改变着传统农民的刻板化印象，使农民的法治观念和权利意识不断增强，这些都为乡村制度化治理的进一步发展提供了保障。

3.城镇化带来的治理难题

在城镇化为乡村治理带来便利的同时，也带来了治理上的一系列难题。其一，农村人口基数庞大，相较于城镇化所吸纳的剩余劳动力而言，十分有限。如果加之制度性建设的缺陷，则乡村治理必将陷入两难的境地。其二，由于农民大量外出务工而导致的人地分离的结果，这不仅仅使农村缺乏足够的青壮年劳动力，还使得乡村治理效率变得较低，组织机构建设和人员调配的速度减缓。伴随着我国税费改革，农村的权力控制进一步弱化。例如，按照《村组法》，召开村民会议，应当满足本村18周岁以上村民的过半数，或者本村2/3以上的农户代表参加，村民会议所做决定应当经由到会人员的一半以上方可通过。然而，在具体实践中，要想顺利实施是很难实现的。其三,受全球金融危机的影响,大量企业因资不抵债而破产,大量人员因此而失去工作。农民工就面临更加严峻的考验,加之城市户籍制度的限制,使得农民工的子女在计划生育、组织生活、儿童教育等面临一系列新的问题。上述新问题的出现使得农民工的生存境遇更加艰难,迫使他们游走于城市和农村之间,造成农村治理效率较低。这也是城镇化进程给乡村管理带来的难题。

（二）城市化对乡村发展的冲击

城市化对乡村社会发展的冲击,比以往任何时候更为引人关注,它从根本上改变了乡村社会的秩序,成为乡村社会管理变革的一大诱因。

1.城市化对乡村结构的冲击

乡村人口流动加快。随着城市化的推进,村庄人口的流动也在逐步加快。尤其是在一些经济较为发达的地区,外来务工人员的人数已经超过了本村的人口,而且许多外来务工人员已经在当地居住很多年,有的甚至全家迁移到当地居住。从流出地来讲,一方面,按照法律和制度规定,务工人员拥有管理户籍所在村公共事务的权利,但是由于空间和信息的阻隔,他们难以及时得知村庄发生的事情;另一方面,由于外来务工人员的经济利益基本和单位发生关系,而和村庄瓜葛很少,故他们对村庄公共事务的关心度较小。就流入地来讲,虽然外来务工人员具备参与流入村庄的公共事务的条件,但是又由于受到户籍关系等条件限制,他们又无权参与流入地的乡村管理,不能和当地人一样享受平等权利。这使得流入人员处于乡村管理的边缘地位。

乡村精英的流失。乡村精英在传统乡村管理中处于重要地位,在乡村社会发展和稳定中一直具有重要作用。费孝通先生很早就提出"礼治秩序"和"长老统治"。[①]贺雪峰也认为精英在乡村社会中扮演了重要角色,他们在国家政权与村民中起到了中介作用,构成了乡村权力互动的交叉点和结合部,精英动员现象普遍存在于乡村管理中。[②]事实上,无论在何种社会形态下的乡村社会治理中,精英直接左右着乡村社会秩序的发展格局。但是随着我国社会市场经济的逐步推进,乡村面临大量精英流失的局面。尽管资金、技术和信息等现代性的要素向乡村转移,但是精英的流失却对乡村治理造成了消极影响,它割裂了乡村的精英资源,一方面乡村中的精英越来越多地离开村庄,向外发展;但另一方面,在精英和乡村分离的背后,是他们跨越了距离,不再直接影响乡村治理。这对乡村社会治理的各个方面造成了负面影响,随着社会形势的发展,精英流失的成本会越来越高,乡村治理面临精英回流的局面。

影响乡村长期效益。乡村精英的流失直接影响到农业生产力与生产效率的提高。乡村失去了农业科技化积极的实践力量。失去精英就意味着丧失了活力和创新力,当乡村滞后的程度随着乡村精英的流失而加剧时,农村发展就会缺乏后劲。精英阶层的流失使得农村、农业的现代化也随之大大滞

---

① 费孝通:《乡土中国》,北京大学出版社1998年版,第48页。
② 贺雪峰:《论村庄社会关联——兼论村庄秩序的社会基础》,载《中国社会科学》2002第3期。

后。就短期效益而言,外出务工积累资金和技术是有益的。但是,从农村发展的长远考虑,却难以将这种资金和技术转化为农业生产力。

乡村治理缺乏政治参与,影响乡村组织建设。乡村组织建设关系到农村的稳定和长远发展。但目前而言,我国村民缺乏自我代表意识和自我组织能力,乡村组织化必须要有精英的广泛参与和动员。因此,如果受到村民信任和拥护的精英能持续居留在乡村,精英就会尝试将村民组织起来,借用他们的聪明才智,为广大的乡村民众代言,则会进一步加强村庄组织化程度。同时,也会巩固精英在乡村治理中的地位。

影响乡村文化传统的承袭。祖祖辈辈在过去的几千年历史演变的进程中不断积淀下来的文化与乡村文化密切相关,这也是我国乡村社会的特色之一。随着我国城镇化的发展,乡村精英阶层的流失导致乡村治理后继无人的尴尬局面。而乡村文化的继承迫切需要优秀的传承者,比如,领悟力、观察力等。因而,优秀乡村文化的传承和发扬光大,也是一个需要乡村精英参与的过程。乡村精英阶层的流失使得原有的农村优秀文化传统失去传播的载体。传统乡村文化的传承亟须精英阶层。

2.城市化对乡村观念的冲击

城市化对乡村观念冲击的变化原因:其一,义务教育已经得到了普及,农民文化水平普遍得到提高。其二,新闻媒体的普及,为农民提供了另一个认识世界的窗口。其三,我国农村正处在新型城市化的关键时期,在这一过程中,农村的一些传统观念也随着发生变化。

城市化对乡村的冲击主要表现在：城市化进程导致城市与农村的文化碰撞。[①]美国教授亨廷顿在《文明的冲突》一书中指出，在现代社会，文明的冲突将主宰未来世界，即不同文明之间的冲突将成为世界的主要矛盾。具体而言，这也表现出了我国农村生活的落后观念与城市文明之间的尖锐对立。例如，北京市顺义区石沙峪镇的三山小区是路北建成的首个农村"立改套"安置小区，虽然村民们住上了新房，但是因为积习难改，导致小区内环境污染严重。

伴随着我国城镇化发展进程的不断加快，农民的生产方式和生活模式也都发生了深刻的变革。其中一个较为显著的变化就是非农产业的比重逐渐增大，经济结构呈现多元化发展的态势。

虽然农民们的生产居住方式转变了，但是其思想文化观念并没有因此而改变。当二者同时作用于农民们身上时，他们便感受到了前所未有的排挤感和排斥感。面对由心理距离造成的"落后感"，农村人群不断表现出更为强烈的"唯市而行"的心态，出现概念、行为、规划的盲目接受，这就导致了农村犯罪率和违法率的上升，给农村社会生活管理带来更大挑战。

城市化对乡村观念冲击的消极影响，主要表现在：

价值观念趋于弱化。生活在城市中的农民们受到新的价值观的熏染，逐渐改变了原有的价值观念。原本纯朴的品质被

---

① 李松玉、张宗鑫：《中国乡村治理的制度化转型研究》，山东人民出版社，第78页。

城市繁华的气氛慢慢吞噬，他们逐渐放弃了集体观念，开始注重个人利益的满足。当个人私欲无法得到满足时，他们又会将这种不满和压抑转换为社会矛盾和冲突。

自由主义、个人主义思想抬头。随着信息时代的来临，城市中各种信息汗牛充栋。农民们由于缺乏足够的教育和开拓的眼界，因而判断是非的能力相对较弱，更加容易受到不良信息和虚假信息的蒙蔽，容易随心所欲采取行动。

拜金主义和享乐主义思想蔓延。城市生活的繁华与农民社会相对单调的生活形成鲜明对比。农民们容易受到利益的诱惑而放弃原则，片面追求自身价值，把及时享乐奉为人生信条，高消费、摆阔气、不求上进，对社会缺乏应有的责任感和热情。[1]

二、信息化对乡村发展的影响

随着信息技术的不断发展与应用，信息化时代来临，信息成为了一种资源，信息化成为了一种不可阻挡的趋势，信息化的发展对乡村社会的发展与社会治理也产生了深远影响。

（一）信息化缩小了乡村与城市的信息鸿沟

信息化已成为当今世界不可阻挡的潮流，信息化程度也已成为衡量一个国家现代化水平和综合国力的重要标志。信息化差距问题成为了全世界共同关注的制约信息社会发展的话题

---

[1] 李松玉、张宗鑫：《中国乡村治理的制度化转型研究》，山东人民出版社，第78—79页。

之一信息鸿沟也即数字鸿沟,即"在全球数字化进程中,不同国家、地区、行业、企业、人群之间,由于对信息、网络技术的占的和应用程度不同所造成的'信息落差''知识分隔''贫富分化'问题"。①也就是说信息鸿沟不仅存在于国家与国家之间,区域与区域之间,也存在于不同人群之间。我国现在正处在特殊的社会转型期,与发达国家相比,存在着巨大的信息差距,同时,国内各种社会矛盾交错存在,这必将进一步扩大我国国内地区之间、城乡之间和不同人群之间的差距,最终也会反映到社会和经济发展当中来。随着信息技术的普及与推广,乡村社会的人们不再因消息闭塞而具有乡土中国的"土",相反,城市社区广场上大妈跳的广场舞也同样可以上演于乡村社会的村民活动中心。

尽管城乡之间信息化水平仍有差距,这种差距将会带来:城乡贫富差距继续加大;城乡信息不对称,影响社会民主发展;也阻碍了全面社会主义和谐社会的实现。②但是目前信息化在推广,这种推广使得乡村社会原本的口口相传的一些地方性知识也被新媒体等广泛公知于陌生人社会。

(二)信息化促进乡村治理方式的转型

信息化工作是近年来党和国家高度重视的战略性工作,自1997年全国首届信息化工作会议,到2007年农业部提出"以信息

---

① 王娜:《我国城乡信息鸿沟问题分析与对策研究》,见东北财经大学硕士学位论文库,2010年11月。
② 王娜:《我国城乡信息鸿沟问题分析与对策研究》,见东北财经大学硕士学位论文库,2010年11月。

第二章 法治中国进程中乡村治理的现状与瓶颈

化推进现代农业发展、提升农村公共服务和社会管理水平、建立健全乡村两级信息化组织、创新乡村信息的农村信息化发展路径",再到2016年中办和国办联合印发的《国家信息化发展战略纲要》可以看出乡村社会的信息化工作得到了高度重视。信息化为乡村治理方式的转型提供了技术可能,"要实现乡村治理方式的重大转型,应当从信息化向乡村倾斜开始,借助信息化战略发展的重大机遇,撬动乡村治理这一巨大板块"。①

信息化带来乡村治理方式转型主要体现在以下几个方面:第一,信息化带来了公共服务的高效快捷。传统的乡村信息沟通主要是通过口头、媒体或者公告公报等形式传播,速度慢,时效性差,而信息化带来了乡村治理的深化,很多地方的乡政府或村组织都有自己的政务微平台,比如内蒙古自治区扎兰屯市利用互联网建立连接乡村三级的"农民办事网络服务平台",包括33个部门132项内容,农民可通过"一卡通"足不出村即可办理。总之,海量的现代信息,通过互联网传播到乡村,农民一卡在手,一键点通,即可实现信息共享,这是信息化带给乡村的最大便利。第二,利用信息化提供的便利条件,改变城乡治理主体结构关系。传统的城乡治理主体有明显的层级化、等级化特点,缺乏交流。第三,信息化工作也促进了乡村治理的透明化。网络的发展,自媒体形式多样化的出现,使得每一个村民都可以是新闻播报员,村民对涉及政府工作人员的信息的披露很大程度上也是对

---

① 赵秀玲:《信息化促进乡村治理方式的转型》,载《中国社会科学报》,2016年9月22日第003版。

他们的监督，有利于打造阳光型政务关系。

（三）信息化带来了乡村经济的快速发展

信息化的发展带来了农村经济的快速发展。近些年来，随着网络的普及、宽带在广大乡村社会的安装，乡村社会的经济发展也随之发生了重大改变。农村信息化建设在改造传统农业、发展现代农业以及促进农村经济发展方面发挥了越来越重要的作用。发展农村信息化也是大力提高科技成果转化率、全面提高农民科学文化素质、繁荣农村文化生活的重要战略举措，是调整农业结构、增强农产品国际竞争力和实现可持续发展的重要保证。[①]

信息化对乡村经济的促进作用主要体现在：第一，信息化的网络服务平台为农村劳动力提供了很多就业信息、农业种植信息、农产品贸易信息等，信息经济时代，这些信息就促进了农民工就业、创业、贸易等，给农村带来的最直接的收益就是农村增收渠道增多；第二，信息化技术的推广，尤其是微商的兴起，使得农产品交易在一切有网络的空间成为可能，这就大大降低了传统交易方式的成本，方便了农产品的流通与贸易，促进了农民增收；第三，信息化的发展，使得城乡之间信息流通更加高效便捷，信息资源更加对称，城乡之间人财物的流通与资源配置更加合理，降低了产能过剩与积压的风险。

[①] 罗长寿、刘鹏等：《发展农村信息化，促进农村经济发展》，载《现代化农业》，2005年第5期。

（四）信息化带来了生活方式的变化

信息化改变了我们的生活方式，车霞等人的研究表明，首先信息化改变了农民的消费方式。[①]20世纪90年代之前，即在信息化普及之前，50.7%的农村居民是到小卖部，31.7%是到集市上买日常生活用品，去大型超市或商场的仅占到21.1%。而对于大件商品来说，去大型超市或商场的占到68.3%，其次就是到集市上的占到16.2%。信息化普及之后，家家户户有了网络、手机、电脑等，59.2%的居民有网购的经历，24.8%的居民有电视购物的经历。其次，信息化改变了人们的消费观念。信息化还改变了农民的交往方式、休闲方式。

三、法治化对乡村治理的影响

"送法下乡"是我国法治建设中不容忽视的重大举措，为了促进乡村社会能够"上承天感，下接地气"，我国自20世纪七八十年代起比较重视送法下乡，其意义不仅仅在于扫除"法盲"，从更深远意义上讲，是为了加强在大一统中国范围内实现国家的统一性，确保法治的完整性。法治化对乡村社会产生的影响也比较多，具体而言，体现为：

（一）法治化改变了乡村社会原有的解纷机制

我国的乡村社会自从法治的进入，整个舞台变得主体多元、权威多元，解纷机制也多元化了。如果说我国乡村社会原

[①] 车霞等：《信息化对农村居民生活方式影响的研究报告——以南京市浦口区W村为例》，载《农村经济与科技》2016年第17期。

有的解纷机制是熟人社会里农耕文明的产物，那么法治则是现代化带给乡村社会解纷机制转变的重要因素。

在我国到"法律下乡"之前，乡村社会有自己的一套完整的治理规则和解纷机制，能够消解乡村社会的矛盾。族长、乡绅基本就可以依据"族规""乡规民约"来处理基层社会的矛盾，当这些矛盾仍无法解决时，触犯了"王法"时，就交由国家处理。

"法律下乡"意味着国家颁布的"正式法"从神坛走向了基层，"这是一套农民并不熟悉的知识和规则，在很多情况下，它们与乡土社会的生活逻辑并不一致"。[1]神坛之上的"国家法"由于缺乏特定的社会、文化基础，在乡村社会往往成为被动接收却不一定接受的对象。

"法律下乡"以来，村内纠纷因村庄丧失自主解决内部矛盾之能力而不再呈现"纠纷消解于村内"的状态，也正是因为村庄治权的弱化与传统治权的丧失，"国家法"恰好为纠纷提供了解决方案，"每个村民都受到了普遍的自上而下的以权利本位为特征的国家法律的保护，他们都可以以国家法律来伸张自己的诉求，获得国家的支持"。[2]

无论是国家的法律还是乡村原有的习惯法，它们在乡村社会对村民均有约束作用，只是随着法治化进程的不断推进，法

---

[1] 梁治平：《乡土社会中的法律与秩序》，载王铭铭、王斯福主编《乡土社会的秩序、公正与权威》，中国政法大学出版社1997年版，第464页。
[2] 贺雪峰：《农民上访、村庄整治与社会科学主体性》，载《法律与社会科学》，2012年第十卷，第268-284页。

律与村庄原有的规范在共同争夺权威资源中,法律因受国家治理趋势、治理方式的影响及其自身的国家强制力保障等特性而更占优势,因此,在纠纷解决机制上,农村原有的非正式制度所发挥的作用也日渐变小,甚至丧失了其消解纠纷之作用。

(二)法治化强化了国家政权在基层的作用

在苏力教授看来,法律的下乡同农村基层政权的各类干部下乡现象在内在逻辑上并无差异,即"下乡"本质上是政权建设过程中国家权力试图进入乡村社会,在乡村社会之中树立自己的权威,并使之得以有效实践的战略性选择。[①]法治化其实质就是强化国家政权在基层作用的过程,从这个层面讲,送法下乡与送普通话下乡均是加强国家政权统一性的建设,促进大一统并巩固大一统的局面。

以"严打"和"普法"为例证,不难发现,法治化进程是强化了国家政权在乡村的作用。"严打"是运动式执法的一种形式,自20世纪80年代至今先后有1983年严打,1996年严打等四次,"严打"是法律以非正常方式进入乡村社会、进入农民生活世界,令其感受到法律在乡村社会的"在场",从其治理技术来说,技术层面显得粗糙,从其治理绩效来说,实现了特殊效果,国家在乡村"场域"的合法性得到巩固。[②]

"严打"是法律以较为激烈的非常规方式进入乡村社

[①] 苏力:《送法下乡:中国基层司法制度研究》,中国政法大学出版社2000年版,第24页。

[②] 狄金华:《单向度的法治——河镇法律下乡三十年的回顾与反思》,载《法律与社会科学》,法律出版社2012年版,第十卷,第96-111页。

会,"普法"则是国家全国范围内开展的一种温和送法的长效机制,它是一项政治工作,是国家旨在通过法律知识的宣传与普及来实现对民众的社会教育与社会治理。[①]无论是一五普法、二五普法还是六五普法、七五普法,这些普法活动都是宣传部门联合司法部通过法律知识的宣传与普及、法律机构的设置等形式,让法律作为一种通行而具有普遍约束力的规则步入"乡村社会"这个"剧场",从而在乡村社会成为大家要共同遵守的"游戏规则"。普法的意义不仅仅在于增强民众法律意识,也在于增强行政规范性、促进社会稳定等,更在于它是一种国家权力向乡村输送的表现形式。也就是强世功教授所说,国家的"普法"是一种"知识作为规范的权力"的实践。[②]

(三)法治化削弱了非正式制度在农村的作用

非正式制度在我国乡村社会因村庄治权的弱化而无法充分发挥其原有的作用,但是国家正式制度也并非无所不能,正式制度因其在乡村社会缺乏坚实而长久的文化基础、经济基础、社会基础、观念基础,在乡村治理中,它有时会遭遇失灵的现实,国家正式制度是无法彻底消弭非正式制度在乡村治理中运行的空间的。

法治化是深刻影响乡村治理的因素,之所以深刻是因为

[①] 翟志勇:《民族国家与法律政策——论普法的语境、困境与意蕴》,载许章润主编《历史法学》(第一卷),法律出版社2008年版,第120页。
[②] 强世功:《惩罚与法治:当代法治的兴起(1976—1981)》,法律出版社2009年版,转引自狄金华《单向度的法治——河镇法律下乡三十年的回顾与反思》,载《法律与社会科学》,法律出版社2012年版,第十卷,第96-111页。

它削弱了乡村社会原有的非正式制度的作用。正式制度与非正式制度在乡村场域之中既有冲突，也有融合，还有互补的关系，随着法治化的不断深入推进，原有非正式制度发挥的作用远没有正式制度作用明显。

法治化削弱了非正式制度在农村的作用主要体现在：第一，原本依托乡村非正式制度就可以实现"纠纷不出村"，现在更多的民众选择了"信访""诉讼"等途径，使得非正式制度因没有启用而日渐式微；第二，法治进村使得原本非正式制度存在的理念基础发生了变化，原本非正式制度更多的主张"大事化小，小事化了"，而法治化进程使得民众"依法维权"意识觉醒，动辄"我有权……"非正式制度背后的理念基础悄然改变；第三，法治时代的到来符合农村社会的由熟人社会转变为"半熟人社会"乃至陌生人社会的环境，也正是因为这种环境之改变使得非正式制度失去了存在的人文环境基础，而法治则在此期间发挥了重要作用。

四、现代化对乡村秩序的影响

现代化和信息化、全球化一样，是一种不可阻挡的趋势和潮流，现代化不仅仅对城市发展产生深远影响，广大的乡村社会也难逃现代化因素的影响。自19世纪中叶，我国便开始逐步迈向现代化，乡村社会也难逃"被现代化"的冲击。从国家层面来说，推进现代化是为了更好地促进社会进步，然而在中国农村尚未做好充分必要的准备时，现代化来袭，使得乡村社会原有礼治秩序被破坏，新的秩序难以扎根，也正基于此，乡村社会出现了"治理性危机"。

我国的乡村治理与我国的现代化二者关系密切，可以说我国乡村治理的转型受制于我国的现代化，与此同时，现代化对我国乡村治理也产生了深远影响。乡村秩序被现代化影响并重塑，具体体现为：

（一）现代化改变乡村秩序的稳定

传统中国的乡村社会依靠"熟人社会"环境下的礼治，以家庭宗族为核心单位，进而有家国重构之差序格局之存在，整个乡村社会有着相对封闭而安定的特点，也正是因为其封闭性蕴藏着秩序上的稳定性。而现代化，尤其是制度的现代化、治理的法治化，对乡村制度带来了很大的冲击，使得乡村秩序中的稳定性受到冲击。

现代化不仅仅是农村生产力水平的不断提高，不仅仅是城市交通工具的现代化，它是内涵丰富且表现形式多元而复合的一个概念。主要包括：经济的工业化、国家的民主化、社会的城市化和价值观的个人理性化，[1]它是一种现代性不断排挤传统性的过程，在这个过程中会出现大量的不稳定现象，严重的如战争、暴力冲突，轻微的如不服从法律。不稳定意味着社会对国家权力和秩序的认同上存在异议。

现代化之所以带来乡村社会的不稳定，其内在机理在于国家在从落后走向现代的过程中，优先发展经济，经济的发展对

---

[1] [美]布莱克编：《比较现代化》，杨豫等译，译者前言，上海译文出版社1996年版，第7页。

第二章 法治中国进程中乡村治理的现状与瓶颈

原有的体制产生冲击,也调动了社会成员的生产积极性,需要有新的体制来调整财富分配中的不平等关系,从而促进经济发展。但是在外力推动压缩式发展的现代化国家进程中,经济可以短期迅速发展,体制变革却相对较慢,难以满足社会成员的期望。这种期待的短期落空使得人们怀疑社会价值,否定国家政治体制,经过一些激进知识分子中所谓的"公知"与媒体的发酵,使得这种失落感被放大,政改呼声就加大。"政府在这种巨大社会压力下,或停滞不前或倒退,因而激起民众更大不满,暴力冲突或稍微温和一些的抗拒秩序的行为由此发端"。①

现代性的各种制度在更为强大的国家权力和市场因素的推动下,更为全面、彻底地渗透进乡村社会,使得农村既有的伦理、价值体系崩塌,但是西方意义的法治秩序又难以扎根中国的土壤。现代化带来的是:一方面现代观念和制度开始提到传统的观念和制度,传统越来越被边缘化,越来越失去合法性;另一方面城市生活及观念为农村提供了示范,农村对于城市也越来越边缘化。②此前合理合法且构成乡村秩序基础的传统,现在不仅已经失落,甚至可能会变得不再合法。③

---

① [美]亨廷顿:《变革社会的政治秩序》,李盛平、杨玉生、李培华、张来明译,华夏出版社1988年版,第32–72页。
② 贺雪峰、董磊明、陈柏峰:《乡村治理研究的现状与前瞻》,载《学习与实践》2007年第8期。
③ 比如一些乡村的村规中规定若有偷窃行为,一旦被抓住,人们都可以对其进行打骂,这在传统中国乡村社会是符合当时的法与理的,而现在法治进村,村民对盗窃者的羞辱性惩罚是不合法律的,村民有权举报,由司法机关对其进行惩处。

（二）现代化孕育着治理的多元与民主

现代化并不是某一个国家某一个民族在经历的过程，而是世界范围内的一种从传统走向现代的趋势、一种进程。对于我国而言，现代化进程在不断加快，它所蕴含的治理理念是打破常规的，不再是传统的那种"家长制"，治理理念从纵向的管理转向了平面的横向治理，现代化进程中，主体日渐多元化，国家与社会相分离，这样就促使治理上呈现出多元主体共同治理的局面。也正是因为多元主体治理，那么治理规则也随之呈现多元化的特点。多元主体、多元规则下的治理，意味着民主的价值就在其中了。

从法治中国乡村治理的发展历程来说，现代化对乡村治理影响也是深远的。现代化所包含的民主化价值促使乡村治理中更加重视基层民主制度的建立健全与完善，更加重视基层自治制度的完善与落实，更加重视村民的民主选举、民主监督等权利的保障。

（三）现代化冲击着传统的治理规则

现代化并不仅仅是城市化、民主化、多元化的进程，与之相伴随的还有制度的现代化、理念的现代化、规则的现代化。法治中国进程中，法制的现代化在不断促进法治自身的成长与发展，也在冲击着传统的治理规则。

现代化对传统治理规则的冲击主要体现在：第一，现代化的治理理念使得部分传统治理规则失去了维持旧秩序的理念基础，传统治理规则所赖以存在的治理权威已经被多元的主体所共同分享，传统治理规则背后的权威的确定性和唯一性已经丧失殆尽，取而代之的是多元主体共同拥有治理自己事物的合理性；第二，为了适应现代化发展趋势，国家制定的新的治理规则占据优先适用的地位，使得传统治理规则失去了适用上的优先性；第三，部分传统的治理规则因其适用的社会环境、人文基础、制度基础等发生了改变，传统的治理规则不足以解决现代化带来的新问题，也正是这种现状使得部分传统治理规则因缺乏实用性和前瞻性而失去了适用的可能性，从而在实践中逐渐被现代化的法制所淘汰。

总而言之，乡村治理所受到的影响因素中，现代化是较为重要的因素，乡村秩序被现代化所重塑，现代化打破了乡村社会原有的稳定的秩序，冲击着传统的乡村治理规则，蕴含着治理的多元化与民主化。

第三节　法治中国进程中乡村治理的瓶颈

新时期随着法治中国进程的不断推进，乡村社会呈现的图景不再是从前的模样，新时期乡村存在很多瓶颈，从一般现象概括而言，集中体现在：熟人社会的陌生化，淳朴乡风逐渐消失；年轻人外出，公益事业、养老问题突出，人际关系冷漠；农村生态发生变化，村干部权威面临挑战，农业税取消后，村干部权威下降，干群关系淡化；农民土地征用和资源开发问题突出，农民获得的补偿低，矿产开发中政府和少数人获益；农村生态环境严重破坏，垃圾和水污染严重，危及农业；基层干部存在腐败，账目混乱，涉农案件多。从理论上来解读这些瓶颈,主要可以概括为:差序格局背景下传统与现代的冲突;权力与权利的冲突中权利失语;自治与他治并存中行政失范;在价值选择中出现了价值迷失。

一、差序格局:传统与现代的冲突

早在费孝通先生的研究中就提及乡村社会差序格局这一现状与问题,在《乡土中国》的另一处,费孝通还用了孔子的一段话给出了"差序格局"的另一个比喻,子曰:"为政以德,譬如北辰,居其所,而众星拱之。"这是很好的一个差序格局的譬喻,自己总是中心,像四季不移的北斗星,所有其他的人,随着他转动。

经由几十年的改革,乡村社会在变迁中仍不可回避地面临新形势下的"差序格局",仍然面临历史车轮向何处去的问题,我们是沿袭着传统而走来,面向着现代化的方向,在前进中我们的行为是传统与现代冲突背景下的缩影。基于此,对于"差序格局"的拓展性理解和重新解读十分必要,立足当下中国乡村社会现象,赋予其新内涵,从而更好地理解当下乡村社会性质,并面对困境,解决难题意义重大。

(一)农村治理面临的问题

我国农村社会治理面临很多急迫问题。概括说,农村社会领域面临的主要问题是:农村党的领导机制改革滞后,党组织与农村自治组织关系不协调;相对于城市,农村的法治建设滞后,法治系统不健全,农民法律意识淡漠,农村社会稳定没有建立在法治基础上;农村公共服务落后,公共物品供应严重

第二章 法治中国进程中乡村治理的现状与瓶颈

依赖政府，农民在公共领域的合作水平低；农村社会组织发育不够，民主选举仅仅表现为3年一度的村委会选举，没有形成真正的依法自治局面；农村土地制度不适应农村社会经济发展的需要，土地制度的建立未能适应土地多重属性的要求，特别是土地产权的公共性与私人性边界不清楚。

近年我国各地出现农村社区调整、合并热潮，对农村社会的公共服务也产生影响。经过社区合并的农村地区，农村社区实际上分为三类，一是原生产队一级的社区，现在称为组，在大部分地区也是集体经济的独立核算级别；二是原来的行政村，这个级别的社区的行政管理职能虽然已经撤销，但作为熟人社会单元，其社交圈的功能尚在；三是合并以后的新社区，目前村民组织在有行政级别的社区设立。大体上，这三个层次的社区分别具有行政服务功能、社交功能与集体经济的组织功能，因此可分别称为行政社区、村落社区和集体经济社区。这三个层次的社区本来可配套不同功能的社区管理组织，但实际上社区管理权力倾向于集中在行政社区一级。

农村人口布局变化与公共资源配置之间出现不协调。目前，我国农村至少有9亿人口的住房，实际居住人口不到7亿，据此估算，村庄的住房空置在30%左右。我们的一些局部调查也证明了这一点。在城乡建设用地"增减挂钩"政策引导下，越来越多的地方政府推动村庄在空间上合并，产生两个主要问题，一是专业农户集中居住以后不适应农业生产，二是脱离农业生产的居民集中度仍然达不到规模要求，基础设施投资效益不高，社区公共设施缺乏吸引力。

（二）传统集体经济制度与现代治理的冲突

集体经济制度与政经不分的农村管理体制是农村社会治理困境的源头。传统集体经济的"明星"注定是极少数。那些"明星"集体经济的领导人通常需要来自社会（或上级）的额外激励，而额外激励存在的前提是"明星"集体经济数量不能太多。如果全社会集体经济都能达到"明星"水平，额外激励不复存在，"明星"也就必然暗淡下去。这是一个"学明星"（如"农业学大寨"）的二律背反。遗憾的是，人们通常不懂这个道理。我国政府为普及传统集体经济"明星"的经验耗费了大量行政资源，甚至到现在也执迷不悟，很是令人痛惜。

二、权利失语：权力与权利的冲突

乡村治理之中，基于国家权力与公民权利的角度分析，可以看出，乡村治理的困境体现为权力与权利之间的冲突，乡村社会政府的权力过大，乡村社会公民的权利保障不足，行政权与自治权之间也存在冲突，这些冲突正是乡村治理中存在问题的法理所在。

（一）乡村社会权力过大

乡村社会之所以存在权力与权利的冲突，很大程度上与乡村社会政府权力过大有关，政府权力过大主要体现为乡镇政权的扩张、县政府权力的全覆盖这两大方面。

1.乡镇政权的扩张

乡镇政权在县—乡—村的三级关系中处于中间环节，三级之间的权力关系相互之间存在一定的张力，也正是因为乡镇一级处在中间，所以在权力结构中，对上有较强的依赖性，对下有着较强的扩张性，县级交由乡镇级处理的事务大多被乡镇直接转交给了村民委员会来负责具体的贯彻落实。县乡村体制本身存在的体制弊端和权力的矛盾是制约乡镇政权建设的重要原因。①

2.县政府权力的全覆盖

县政府对于乡村治理而言是十分重要的一级，如果说乡村里的村民委员会是乡村治理的权力末梢机构，那么县级政府则是在县域乡村治理中拥有宏观规划、调控等重大权力的机构，县级政府除了遵守国家关于乡村治理的一般规定以外，更多的是要因地制宜地采取措施以促本地发展。因地制宜的过程中，各地政府都会极尽能事，让权力全面覆盖县域，从而实现本地的稳定与发展。权力不仅仅会输送到乡镇，乡镇也会毫不保留地输送到村庄，让村庄的人明白国家的政策以配合乡镇政府等的各项工作。虽然村庄貌似"天高皇帝远"，但是县政府权力的全覆盖，加之现代化、信息化带来的便利，使得村庄人能够随时感知到国家权力的存在。

（二）乡村社会权利保障不足

政府权力与乡村社会权利的冲突不仅仅有政府权力过大的因素，还有一方面就是乡村社会权利保障不够充分，主要体现为农村自治的权利没有得到保障、村民的选举权流于形

---

① 张艳国：《国家治理与中国道路》，中国社会科学出版社2015年11月版，第18页。

式、公共服务得不到与城市同等对待。

1.农村自治的权利没有得到保障

在乡村治理中，国家制度设计上是注重了"国家—社会—公民"的结构，除了有政府，我国宪法及《村民委员会组织法》也规定了村委会是作为基层民主组织形式的自治组织，自治组织代表村民行使自治权。

村级组织是通过对上级（乡镇政府）的服从，结合村民自治的方式，来实现对乡村社会的治理，在治理中，村级组织（村民委员会）的角色在理论上是自治组织，但是在实践运行中却是双重角色，一方面要承担自治组织的事务，另一方面要传递乡镇政府一级的政务信息，促进政府工作的落实，在这两重角色中，乡镇政府权力下沉中的扩张性决定了村委会成员更多的时间是在应对乡镇政府下派的各项工作，所谓的"自治组织"的工作基本上得不到真正的开展。在落实乡镇政府的行政任务时，村委会已经在实质上进入了政府行政管理的范围。[①]

当前的乡镇政权从权力结构上来讲，是处于一种权力失衡的状态，一方面是党委、政府和人大的权力错位，权力高度集中于乡镇党委，政府和人大难以发挥权能，特别是人大的权力缺位。另一方面则是涉及县、乡、村三者之间关系的调试问题。"国家"与农村社会关系的重构，是建立适应民主化和市

---

① 张艳国：《国家治理与中国道路》，中国社会科学出版社2015年11月版，第20页。

场化的发展的现代乡镇治理结构的权力优化的重要方面。①

2.村民的选举权流于形式

我国公民选举形式有直接选举和间接选举，村民委会的选举依照我国《宪法》及《选举法》《村委会组织法》的规定实行的是直接选举，村民行使选举权是直接行使的方式。但是在实践中，村委会的选举要受到多种因素的制约，使得村民的选举权流于形式，得不到实质性的保障。（1）乡镇政府对村委会的指导在实践中变成了乡镇政府对村委会的领导，这种领导体现在选举上就是对选举的行政干预；（2）现今农村"土豪劣绅"已退出历史舞台，但是大姓的姓氏宗亲宗族在选举上有很大的影响力，某些地方一个村就一个大的姓氏占总人数80%，这在选举中，选举结果很大程度上容易被这种宗族宗亲不当控制；（3）选举中村民容易被经济利益所左右，比如地方村委会选举中存在贿选等现象，村民的投票权成为了选举中贿选的理由，而村民却忽略了自身选举权的更大价值。也正是因为此类因素的影响，使得村民的选举权在实践中流于形式，没有达到制度设置的初衷。

3.公共服务得不到与城市同等的保障

由于此前长期以来的城乡二元结构的影响，城乡社会的公共资源配置是不均衡的，广大农村地区是为我国城市化、工业化提供资源的总后方，农村的公共服务没有得到与城市相同

---

① 张艳国：《国家治理与中国道路》，中国社会科学出版社2015年11月版，第20页。

的重视程度,"农村公共服务的提供基本是自上而下的,农民没有真正参与表达需求",[①]农村的公共资源与城市相比,国家提供得相对少,公共服务的供给上也是更倾向于城市。在这样一种供给总量不足、农村供给与城市供给失衡的情况下,若不能及时采取措施来平衡,就只会加剧城乡不平等,使得"城市病"在加重,农村变得"空心化",整个社会处于一种无序的病态中。

(三)权力与权利在乡村社会的冲突

权力与权利在乡村社会的冲突主要体现为政府的行政权与自治权的冲突、自治权与公民权利之间的冲突。

1.行政权与自治权的冲突

乡镇政府的行政权在乡村社会往往由权力末梢的村民委员会代为行使,而村民委员会在农村也是自治性组织,是村民共同利益的代表者,从管理的角度来说,行政权对应的主体是管理的一方,自治权对应的主体是被管理者,两者之间从出发点和立场来说是存在角色对立的,但是在实践中,村民委员会的自治权往往会让位于政府的行政权,因此,更多的权力与权利的冲突在农村主要体现为乡镇政府的行政权与村民委员会自治权之间的冲突,冲突中往往是自治权弱势于行政权。

2."自治权"与公民权利的冲突

在农村,村民委员会的"自治权"往往因其所代表的是公

---

① 张艳国:《国家治理与中国道路》,中国社会科学出版社2015年11月版,第27页。

共利益，也代表政府在行使一定范畴的公权力，所以它与村民之间也必然会发生法律关系，且往往会有对立冲突。村民委员会行使"自治权"时并不一定能够兼顾每个成员的利益，个体的公民权利有时也会与集体的自治权之间发生冲突。

三、行政失范：自治与他治的冲突

法治中国进程中乡村治理的困境，在行政层面主要体现为行政失范是制约乡村法治建设的重要因素，在治理方面主要是自治与他治之间的冲突。

（一）基层自治能力与条件不足

1. 基层自治组织的自治性和独立性淹没于基层政权组织

在我国乡村社会，基层自治组织主要是指村民委员会，基层政权组织也就是乡镇政府，基层政权组织和村民自治组织之间是互相指导、支持、帮助和协助的关系，并非领导与被领导或是行政隶属关系。《中华人民共和国村民委员会组织法》第二条明确规定："村民委员会是村民自我管理、自我教育、自我服务的基层群众性自治组织，实行民主选举、民主决策、民主管理、民主监督。"第四条规定："乡、民族乡、镇的人民政府对村民委员会的工作给予指导、支持和帮助，但是不得干预依法属于村民自治范围内的事项。村民委员会协助乡、民族乡、镇的人民政府开展工作。"据此，可以看出我国的基层自治组织应该具有独立性和自治性等基本特性，在实际操作中，乡镇政府的行政职责大多是通过村民委员会来贯彻落实，村民委员会所具有的相对独立、中立，代表基层农民利益的属性也就被乡镇政府的职责所淹没或吞噬。

2.村民委员会之外的第三方组织尚不发达，无能力确保乡村基层的自治

法治在农村的发展中，并未催生更多的农村社会组织的出现，第三方组织相较于城市的发展，在广大农村地区数量较少，发展速度较慢，在村民委员会之外，农村的第三方组织（或者称社会组织）很不发达，尽管也有部分地区出现了新时期的农业合作社，但是这些合作社并没有经验，也没有能力去确保乡村基层的自治，大多合作社是基于某个行业或产业或项目而成立，据笔者调研得知，大多数合作社常年是只有其名，无合作之实。

（二）他治过度压制乡村民主

我国乡村社会的法治化进程是伴随着现代化而发生的，而我国的现代化一直是政府主导推动的制度变迁过程。同时由于社会发育不足，或者乡村社会原有的自治组织和权力的文化网络被摧毁，原子化的村民无法形成集体一致的行动。

也正是因为政府权力过大，使得乡村社会发育缓慢，农民的现代意识和权利观念觉醒较慢，村民成为政府权力真空里的主体，一旦脱离政府权力的主导性控制，似乎自身也缺乏了主见，这就压制了乡村民主的发展。

（三）治理冲突源自行政失范

社会学理论中认为社会的常态是冲突和变迁，权威的不平等分布是社会冲突的根源，制度化的权威和权力结构以及由此而产生的利益之争必然导致系统的社会冲突，进而引发种种社会变迁。

第二章 法治中国进程中乡村治理的现状与瓶颈

乡村社会治理的冲突以结构分析的视角来看，无非是治理主体与被治理者之间因制度化的权威和权力结构以及由此而产生的利益冲突。从制度权威来说，乡村社会治理冲突体现在国家正式制度的权威与乡村社会非正式制度的权威之间的冲突。从权力结构来看，乡村社会治理中，权力的一端是政府，一端是村民，而村民委员会成员本是由部分村民组成，但是实践中权力上也成了政府在村里行使权力的代表机构。无论是乡政府还是村民委员会，它们行使权力的内在逻辑是它们代表国家行使公权力，对地方基层事务进行管理等，其依据是国家制定的法律法规和行政规章等正式制度。而村民的行动逻辑在于世代生于斯长于斯，除了土地与户口与国家有关，自己只要不做违法之事，他们更多遵守的是自己所生长的这个"半熟人"并逐步走向"陌生人"的社会给大家制定的非正式制度，比如互帮互助，不偷盗邻居的果树等。也正是因为权力结构中，权力的行使者是联合体（政府和村委会），而被权力所支配的村民是一个个独立的个体（村民），权威的资源分配不平衡，双方的力量对比也不平衡，使得双方在治理中容易产生冲突。在冲突中，乡政府的权力因其占有权威资源的更大优势，所以往往成为强势的一方，也更容易出现行政失范。

总而言之，乡村社会治理中产生的冲突是权力的行使者和被治理者之间因权威资源分配不平衡所导致的冲突，这种冲突的实质是利益的冲突，表现为正式制度与非正式制度对人们行动逻辑的影响上，这种冲突更多的是因权力的行使者出现了行政失范行为，比如滥用权力的行为等。

四、价值迷失：平等与民主的悖论

乡村治理的困境中，城乡二元结构带来的价值上的不平等、资源分配的失衡，基层民主异化为部分"村霸"的权益，基层自治组织也随之异化为代表政府行使一定管理职责的代理机构，有时候甚至成为房地产开发商之类的"异族"入侵本地的"带路人"。面对城乡二元结构带来的公共资源占有的不平等、面对传统的"国家与社会"二元治理遭遇的现实挑战、面对基层民主现实重要性及其异化，我们不得不反思乡村治理的现实瓶颈之价值取向问题。法的价值是多元的，在乡村社会推进法治化进程中，必须高度重视的两大价值是平等与民主，当在治理实践中遇到价值冲突时，如何进行价值优先性的选择也是重要的课题。

（一）平等的缺失

计划经济时期我国实行的是城乡二元体制，乡村与城市实行的是两种不同所有制为主导，乡村是以集体所有制为主导，城市则是以全民所有制为主导，带来的不仅仅是城乡经济发展失衡，城乡公民之间在选举权、受教育权、就业、医疗等各方面所享受的权利也是有差别的，乡村作为城市发展的原材料和劳动力供给地，最大限度贡献了自我，繁荣了城市，乡村为城市公共基础设施建设做出了贡献，但是乡村居民却无法在同一个国家乃至同一个省份同一个市县享受同等的待遇，这种不平等挫伤了农村的发展，更可怕的是"它已经在很大程度上造就了城乡二元法治结构的形成"。[①]二元

[①] 江国华等：《从人治到法治——乡村治理模式之变革》，载《江汉大学学报》，2007年12月。

的法治结构带来的危害性是很大的，表面看是把国家的公民分成了两个等级，实际上也是一种法治不统一的体现。

平等则是宪法规定的基本原则，平等权是公民法定的最基本的人权内容之一。目前乡村治理困境中平等的缺失主要体现在：第一，在同一个国家，城市公共资源丰富于乡村社会，城乡居民享受的公共资源不均衡；第二，在同一个国家因户籍制度的存在，限制了城乡之间的自由流动，乡村居民无法与城镇居民享受同等的民主政治权利，城乡人大代表比例之差别即是例证。

（二）民主的异化

基层民主建设是国家高度重视的，尤其是广大农村地区的民主建设非常重要。村民委员会是乡村社会村民进行民主选举、民主监督的自我服务、自我管理的自治组织。然而村民委员会的民主性在实践中多有被异化的现象。主要体现在：1.民主选举流于形式；2.民主监督缺位；3.自治组织丧失了"独立性"，往往成为政府的代理办事员角色。

（三）价值的迷失

乡村治理的现实瓶颈从价值追寻上来看，若纯粹追求平等，也不足以解决当下的乡村问题。城乡之间因其资源、环境、产业、文化基础、社会基础等因素的影响，公民之间所享受的公共服务、公共基础设施等差异在短期内还无法消除。若追求乡村治理中的民主，那么就必须做实基层人大代表选举制度、做强基层自治组织，充分发挥基层民主的优越性，唯有如此，才能让乡村民主落在实处。但是，"民主是个好东西"

却不是传统中国土生土长的制度，它需要有现代化的社会基础、理念基础等。而传统中国乡村社会的以乡规民约为代表的"非正式制度"丧失了原有的权威基础、实施条件，现代化进程中尤其是法治中国进程中的乡村社会目前又难以立刻确立起现代法治秩序，也正是因为转型期这种既破了传统秩序，又无力立刻确立现代秩序，所以才导致乡村社会"无序"与"失范"行为的增多。

当下，国家权力下沉并不是说乡村社会接收了国家法治就等于说主观上接受认同了国家法治。实践中出现的很多合理不合法或者合法不合理的事件大多就属于此类。因此，要治理好乡村，不能忽视村民的信仰、村民的法律意识等，要在价值迷失或价值冲突中做出理性的选择。一般而言，当法的价值发生冲突时，一般采用的解决冲突之原则有：价值位阶原则、个案平衡原则、利害原则等。乡村治理之最大瓶颈不在于乡村的无序，不在于乡村的贫穷，而在于价值的迷失，价值选择上的迷茫与错乱往往带来整个乡村社会的失序发展。

第三章

法治中国进程中乡村治理的转型与发展趋势

法治中国进程中乡村治理因社会转型而发生了很多变化,发生的转型主要有制度转型、政治转型、环境转型等。发生这些转型的影响因素主要有城市化、法治化、信息化等。未来中国在法治建设进程中,乡村治理将会呈现的趋势是:治理制度化转型、法治主导化转型、治理主体多元化转型等。

第一节 法治中国进程中乡村治理的转型

法治中国进程中,乡村治理在不断演变,随着社会转型关键期的来临,乡村治理也在不断转型,制度转型是主导性的,政治转型是制度转型的前提,环境转型、模式转型与理念转型都是具体体现。

一、制度转型:政策、乡规民约与法
(一)制度转型的宏观表现:从非正式制度到正式制度
纵览我国历代乡村治理,不难发现,无论是封建王朝的

统治还是新时期新形势下党领导下的乡村社会的治理，我们除了重视非正式制度的治理，也重视建章立制，从而让乡村社会在社会历史变迁中随着正式制度的不断确立也在发生改变。法治中国进程中的乡村治理，更是体现了社会的变迁和制度的转型。制度转型在乡村治理中的宏观表现就是，从主要依靠非正式制度到依靠正式制度与非正式制度共同发生作用。以1978年家庭联产承包责任制为例，自此开始，我国农村社会发生了较大变化，改变了此前我国农村地区长期实行的集体公社制度，也改变了国家对乡村社会的治理。新中国成立到1978年期间，我国农村地区的社会治理中，非正式制度（比如乡规民约、族长评理等）对人们的生活影响很大。自1978年实行家庭联产承包责任制以后，国家陆续颁布《土地承包管理合同》《农村土地法》《山林资源管理条例》等一系列法律法规，这些由国家正式颁布实施的制度成为广大农村地区的具有普遍约束力的规范。

（二）制度转型的具体体现：乡规民约、政策与国家法

乡村社会中乡规民约是最原始最基本的一种规范，对一定范围内的人们起着约束性作用，某些情况下，乡规民约比国家法对当地人的约束力更强。党的政策对于乡村社会而言，也是直接影响乡村治理的因素，国家法则是在全国范围内普遍适用的一种制度。乡规民约在相对传统的古村落，其保留得

第三章 法治中国进程中乡村治理的转型与发展趋势

越多,对乡民的约束性也相对较大。①从新中国成立至今,我国农村社会的治理中,乡规民约是最早期在农村较有影响力的,随着党的各种针对农村的政策和法规的颁布,农村地区的治理中,制度越来越发挥更大的作用,当前全面推进依法治国进程中,国家法也从最初的"送法下乡"到"迎法下乡"。这些转型是生产力发展带来经济体制、社会结构等一系列变革的副产品,与此同时,这些转型也在一定程度上促进了生产力的发展,推动了社会的进步。

乡规民约一直被认为是与国家法相对应的民间法的重要组成部分,乡规民约"正处于历史变革的十字路口",既期望有所作为,又会"随着社会变革的需要而改变、削弱甚至隐退自身"。②乡规民约与国家法既有一致,又有冲突。在国家法的强力推动面前,乡规民约逐渐向国家法靠拢。国家法应当赋予乡规民约具有合法性,承认其在一定范围内具有法律效力。在处理一些具有民族性、区域性的事务或者特定事项时,国家法要尊重乡规民约。乡规民约与国家法不一致时,也不能简单地否定,而应具体分析,吸收乡规民约的合理性内容。有些地方政府已经开始制定乡规民约范本,对各村的村规民约进行备案审查。政府不宜

---

① 笔者于2016年5月在海南海口的"美社村"调研发现,20世纪80年代的乡规民约至今依旧刻在村口的石碑上,对当地村民仍有约束力。虽然乡规民约中对违背者惩处力度以今天来看确实不是很大,但是对于当地人而言,大家觉得违背了就要请大家看电影是一件不光荣的事情,也正是基于此,对当地人依旧有约束力。

② 谢晖:《当下中国的乡民社会、乡规民约及其遭遇》,谢晖、陈金钊主编:《民间法》(第三卷),山东人民出版社2004年版,第287页。

过多地干预乡规民约,"让政府的归政府,让民间的归民间",以促进国家法与民间法形成互补共存的良性互动关系。①

政策在很大程度上对乡村治理也产生了深远影响,尤其是新中国成立初期到改革开放前期,国家推行计划经济,各种政策成了国家对社会进行统治的常用且非常有效的治理之器。"建国以后很长一段时间内,尤其是在1979年之前,政策构成了控制经济和社会的主要手段和法律体系的核心内容,政策成为人们行为的标准"。②在农村改革领域,党的政策发挥了比制定法更为重要的作用,比如1982年到1986年中央先后发布了五个"一号文件",涉及农业和农村的改革政策,这五个一号文件均被视为推动农村改革的力量和方向标。在这个阶段,法律体系中的结构问题在于国家的法律和政策之间关系的模糊不清,"大多数情况下国家的政策都被置于优先地位,'国家政策高于法律'或者'国家政策可以补充法律规定'。"③党的政策成了国家政策的灵魂和指导思想,国家制定的法是对党的政策的具体化,在法律适用时,党的政策发挥着主导作用。④

---

① 郭相宏:《失范与重构——转型期乡村关系法治化研究》,2008年3月《西南政法大学博士学位论文库》。
② 郑永流:《转型中国的实践法律观——法社会学论集》,中国法制出版社2009年4月版,第145页。
③ 郑永流:《转型中国的实践法律观——法社会学论集》,中国法制出版社2009年4月版,第147页。
④ 郑永流:《转型中国的实践法律观——法社会学论集》,中国法制出版社2009年4月版,第148页。转引自胜雅律《中国法律导论》,慕尼黑:1994年版,第198-202页。

第三章　法治中国进程中乡村治理的转型与发展趋势

20世纪90年代以来，随着普法活动的全面推动，广大农村地区也面临"法律下乡"的必然，广大乡村地区成了乡规民约、政策与国家法律共同发挥作用的大舞台。作为法律渊源的国家政策的重要性在它与法律此消彼长关系中，随着法律的重要性的逐渐提升而日渐式微。[1]当前全面深化改革、全面推进依法治国之际，农村各项改革也在深化，但是一切改革都要"于法有据"。农村土地的征收、房屋的拆迁移民等不再仅仅是地方政府的一纸"红头文件"就可以说明其合理性的，民众与学者也共同呼唤出了《物权法》《征收拆迁补偿条例》。在20世纪90年代之前，农民更多的是像秋菊那样"要讨个说法"，现在则会听到"我告你去""咱们法庭见"。这样一种转变是农村治理现代化转型的体现，是从农耕文明走向商工文明的一种治理制度的体现。

在制度转型中，正确看待国家法、政策与以乡规民约、习惯法为代表的这些"活法"之间的关系，适用中需要坚持原则性与灵活性相统一。

（三）制度转型的深层探讨：良法与善治

法治中国进程中的乡村治理是社会治理的重要内容，制度转型的发生不仅仅是因为多中心主义的影响，从治理理论来说，我们将治理当作一种为获得公共秩序而进行的双向活动。[2]如果说制度是实现善治的保障，那么"良法"将是制度

---

[1] 郑永流：《转型中国的实践法律观——法社会学论集》，中国法制出版社2009年4月版，第147页。

[2] 贺雪峰：《新乡土中国》，北京大学出版社2013年版，第157页。

中最理想的一种。在乡村治理中，何为"良法"呢？从正式制度与非正式制度关系上讲，良法就是要实现治理的自上而下和自下而上的双向互动，"善治"就是要基于良法而实现"善政"。但这是非常难达到的，因为有权力的一方往往习惯把权力用到极致，政府容易有官僚主义倾向，部分领导一拍脑袋就自上而下制定一些严重脱离社会基础的制度。这些制度因其违背规律和社会现实，往往无法实现预期，反而破坏原有的制度生态。

我国的后发外生型现代化的实质，使政府从外面拿来的制度与社会本身的资源有着严重排斥性，自上而下的制度与自下而上的惯例在相遇的有些时候会发生正面而直接的激烈的冲突，两种分别代表正式制度与非正式制度的规则相互间存在对立与互补的双重关系，各有优势，有时制度压倒了惯例，有时惯例消解了制度。正式制度与非正式制度的各自充分发挥优势又有机结合、互为补充的状态就是"良法"所要实现的状态，具体而言就是制度与管理的最好结合是将制度建立在惯例的基础上，制度利用惯例中的一部分打击和消解惯例中的另一部分，这样的制度生长得最快，也是最有效的。如果制度的引入破坏了惯例，或制度成本昂贵而不能在公共秩序建设上取得有价值的成果，社会就会陷入无序状态。①

---

① 贺雪峰：《新乡土中国》，北京大学出版社2013年版，第157-158页。

第三章 法治中国进程中乡村治理的转型与发展趋势

二、政治转型：简政放权

（一）行政权主体的行为受限制

法治中国建设初期，受传统中国司法行政体制影响，司法行政化比较明显，行政官员直接或间接干预案件的行为较多，随着法制的不断健全和法治的不断推进，行政权的主体的行为越来越规范化，受到更多的限制，行政权日趋从"管控"功能回归到"服务+管理"的本位。

（二）行政权范围变得规范而有限

法治中国进程中，政治转型也体现在行政权的范围从大变小，行使上变得规范化、法治化。具体而言，由于行政法规、地方政府出台的法规政策的增多，对行政权的制约越来越多，行政权行使的范围越来越细化、明确化，在乡村治理上，除了每年中央层面出台的"三农"政策以外，当地的国土、水利等也会在遵守法制统一的前提下因地制宜地出台一些政策，这些政策都要遵循行政权受限的原则，不可以滥用权力。

（三）行政诉讼的转变

行政诉讼通俗地称为"民告官"，在法治中国建设初期，"民告官"数量少，且官方胜诉居多，甚至在一些地方达到百分之百胜诉。随着法治在乡村社会的进场，村民法治意识的逐步觉醒，行政诉讼数量上近些年呈现上升趋势，村民不再是此前的忍气吞声，而是"我告你去"，从诉讼的结果来看，村民胜诉的数量也在增多。这种转变，不仅仅是经济与民主政治发展的结果，也是政治转型的一个具体体现。

三、模式转型：管理、自治与共治

（一）从管理到有限自治

新中国成立之初，乡村治理的模式主要是管理。人民公社使得村庄集体都处于一种相对公共的生活中，国家通过公社实现对村民的管理。管理者在思想境界、行为方式上都带有浓厚的"为人民服务"的色彩。随着公社的解体，村民突然失去了集体的管理，1978年改革开放以后，土地分包到户，更是使得村庄的管理上失去了主导性的机构。随之，应运而生的是村委会和乡镇来加强对乡村社会的管理，这种管理与人民公社有着明显的区别，更加重视自身"官"的角色，更加重视自上而下的管理控制，管理控制的目的和今天是一致的，即维护社会秩序和基层稳定。1987年通过的《中华人民共和国村委会组织法（试行）》使得村民自治在法律上的地位正式确立下来，村民自治从此于法有据，在实践中也在不断完善。

（二）从管理到治理

如前所述，治理理论的兴起是近些年的事情，传统中国的乡村社会更多的是一种自上而下的管理控制，随着法治中国建设的不断推进，模式上实现了从管理到治理。管理更多的是人治因素占重要地位，而治理则是制度占更重要地位，从管理到治理的转型，在乡村社会更多体现为村委会、乡镇政府逐步实现了从对特定人的管理转向了对事务的治理。

（三）从自治到共治

法治中国建设的历程表明，在基层群众自治方面，治理模式上实现了从没有自治到有限自治到社会共治的转变。村民

第三章 法治中国进程中乡村治理的转型与发展趋势

委员会是乡村自治的机构，但是基于自治机构角色的多重复合型，决定了它的运行中其自治功能并没有充分发挥，反而是自治淹没于它代理乡镇政府行使一定的治理权力。新形势下，乡村社会主体出现了多元化，新阶层的不断涌现，使得选举和治理发生了改变。人们更加注重对社会公共事务的参与性，这也就出现了多元主体共治的局面。

四、环境转型：熟人社会到半熟人社会

法治中国建设的转型是随着社会环境的变化而发生变化的，乡村社会随着市场经济、人们生产方式等因素的变化，乡村社会的人文环境是逐步从熟人社会走向了半熟人社会乃至陌生人社会，熟人社会更多是依靠道德、习俗等就可以实现乡村治理，而半熟人社会和陌生人社会的治理中，规则或制度才是真正持久发生效力的治理工具。

（一）迁徙阻断了"熟人社会"的"熟悉"

"王权止于县政"是我国帝制时代的政权常态，在县以下的广大乡村地区，基本上实行的是没有政府的治理，乡民社会是不被"政府"所过多打扰的一片静园，国家公共权力没有深度渗入乡村社会，乡村治理所依托的更多的是建立在地位、财富和功名基础上的一种社会公共权力，这种社会公共权力相对于国家公共权力而言，属于私权力的范畴。[1]法治中国

---

[1] 蒋永甫：《乡村治理：回顾与前瞻——农村改革三十年来乡村治理的学术史研究》，载《宝鸡文理学院学报》2009年2月刊。

进程中，我们看到的不仅仅是政策的下乡，法律的下乡，更是国家正式制度（政策、法等）背后的公权力的深度下乡，破坏了乡村社会的原有的社会公共权力运行机制，这就阻断了原本"熟人社会"内在的相互"熟悉"，就像是本来属于家庭内部的两个人之间的争吵，反而请来了特殊的第三方来化解纠纷，这个第三方（国家权力）因其特殊的威慑力和公权角色，使得双方矛盾或许得到表面的化解，但是却留下了更深的矛盾，正如"秋菊打官司"的尴尬结局，村主任被带走并非秋菊之本意，但是却因公权的介入带来了那样的结果。

（二）宗族解体导致原子化村庄的出现

传统中国的差序格局因宗族和家庭的双重认同而带有团体格局之特性，但是随着社会的发展，尤其是现代化的推进，现代性制度（法治、政策等）的介入，乡村社会原有的因"家庭"与"宗族"而熟悉却变得"半熟悉"。原有的"宗族""家族"对个体成员而言，不再具有较强的约束力，被制度化以后，一个个"宗族""家族"就演变为一个个独立的以家庭为小单位的社会结构，呈现在人们面前的不再是集体化的村庄，而是原子化的村庄。

（三）从"熟人社会"到"半熟人社会"

如果说传统中国乡村社会是一个封闭的社会，整个乡村社会稳定和谐，人们相互之间"知根知底"，因此被称为"熟人社会"。

而今的中国已经不再是乡土中国，已经变化为"城乡中国"，"半熟人社会"具有明显的过渡性、混乱性和对抗性特征，这种社会环境集中表现为乡村社会在人际关系、人生态度、人生目标和权威变化等方面呈现理性化趋势、经济力量差距导致的乡村社会分层的事实和村民内心中"不患寡而患不均"的平均主义情结之间的矛盾冲突、个体性利益时限基础上通过个体的自治自觉和外部制度约束出来的集体公共性之间的观念冲突、乡村社会身份认同与信仰转变为个体原子化的功利性和现世性、乡村社会道德与法制在合法性与合礼性的冲突中既相互融合又相互对抗。①

"半熟人社会"里，家庭的私密性程度较高，村民们更需要公共生活空间，越来越不适应过去那种针对性强而退出机制不足的串门聊天的闲暇消遣方式，需要更加公共化的自由进退的闲暇消遣方式。②

乡村社会从"熟人社会"转向"半熟人社会"乃至陌生人社会，这样一种社会人文环境的变化，实质上是村落深化内部交往规则的变迁，从数百上千年以人情、面子为基本规则的乡土社会逻辑走向以力量和金钱为考核标准的交往规则。③

五、理念转型：行政管理到多元治理

随着我国社会改革的不断推进与深化，城市与乡村关

---

① 李晓南：《"半熟人社会"背景下中国乡村治理问题探析》，吉林大学硕士学位论文库，2012年12月。
② 孙亚山：《"半熟人社会"背景下的中国乡村治理主体研究综述》，载《经济研究导刊》，2015年第8期。
③ 陈柏峰、董磊明：《乡村治理的软肋：灰色势力》，载《经济体制比较》2009年3月刊。

系也在不断变化，乡村社会从以往的安宁沉寂变得活跃而开放，在治理理念上也从以往的一元的全能主义行政管理转向多元化的治理。

（一）乡村治理主体多元化促进了理念的转型

在乡村治理的主体中，此前乡镇党委和政府是最主要也几乎是唯一的主体，村民自治组织似乎在此前的基层并没有发挥太多的作用，乡村精英和普通村民更是没有太多的话语权。

1. 乡镇党委和政府

乡镇党委是当前乡村治理的权力中枢，是实际的权力中心、决策中心。在乡村治理中，镇党委是乡村发展规划和人事安排的组织实施者。而乡镇政府是行政的执行主体，负责人口、民政、教科文卫等各方面工作。[1]乡镇党委的主要职责在于依照宪法和法律，支持和保障村民开展自治活动，直接行使民主权力，推进基层民主政治建设和村务各项事业的发展。[2]

但是，乡镇党委非法干预村民自治的情况仍然比较普遍。在村民委员会选举过程中，依据《村民委员会组织法》的规定，村委会成员应当由村民选举产生，乡镇党委可以派干部进行指导、监督。但是，不少乡镇党委认为村民素质低，担心选举出现差错，就以违背村民委员会组织法的各种形式，挑选自己中意的候选人。有的甚至不惜给村民施压。此外，在日常

---

[1] 李松玉、张宗鑫：《中国乡村治理的制度化转型研究》，山东人民出版社，第81页。

[2] 李松玉、张宗鑫：《中国乡村治理的制度化转型研究》，山东人民出版社，第82页。

第三章　法治中国进程中乡村治理的转型与发展趋势

工作中，相当数量的乡镇党委习惯于将村委会视为自己的下属单位，经常向村委会下达命令、发布指示，干预村委会自治范围内的事务，更改村委会的决定。甚至有的乡镇党委无视村民组织法的规定，直接撤销选举产生的村委会成员职务，或是采取刁难的政策。[①]

乡镇政府是我国乡村治理的另一主体。在人民公社时期，政社合一的体制决定了乡镇政府直接掌握了乡村绝大多数经济资源，从而保证了对乡村资源的汲取。人民公社体制解体之后，新的"乡政村治"管理模式建立，乡镇的权力在经济领域不断收缩。不仅如此，村民自治的兴起，也使得乡镇政府在任意行使权力时，增添了一些障碍。如此，乡镇只是国家权力在基层的末梢，其权力运作也是受国家权力和乡村权力双层渗透和影响。乡镇政府出于传统体制的惯性，加上自身职能转变较慢，对农村事务仍然大加指示，阻挠村民自治的运作。[②]具体表现在：

其一，干预村委会选举。由于当前农村社会农民的社会组织性不强，使得自身政治参与意识淡薄，因此村民自治的进展很大程度上取决于乡镇政府对村民自治的态度，取决于能否认真执行《村民委员会组织法》。在实际的选举过程中，面对复杂的社会问题，很多乡镇干部认为农民自治能力低下，实行完全的自治是不合适的。有的担心所选举的不一定是有能力干

---

① 李松玉、张宗鑫：《中国乡村治理的制度化转型研究》，山东人民出版社，第82页。
② 李松玉、张宗鑫：《中国乡村治理的制度化转型研究》，山东人民出版社，第82页。

事之人，不能保证乡镇政府对基层社会有效控制，肆意更改候选人，影响村民选举过程。[①]

其二，干预农村公益事业。乡镇政府借助自身国家权力末梢的地位，利用自身掌握的国家权力资源，采取行政干预的手段，直接规定农民生产的品种，有时甚至不惜搞形象工程。甚至有的乡镇借助各种名目，任意克扣国家下拨农民的补贴款项，影响了乡村正常治理秩序。[②]

其三，诱导性控制村委会。乡镇作为村级以上的正式国家基层政权，毕竟掌握着比村委会更多的政治资源，一旦村委会遇到棘手的事情，便会寻求乡镇的力量，尤其在社会转型期，社会问题复杂多变，更加剧了这一状况。而乡镇也是乐于从中通过支持和协助村级工作，对村级管理施加影响，这使得乡镇利用本身所掌握的资源优势，弱化村委会的权力，达到有效控制乡村的目的。[③]

故，在当前乡村主体中，乡镇政府仍然是不容忽视的，甚至在很多地方，仍然起着主导作用。需要注意的是，面对转型期社会的变化，乡镇政府也要改变以往的管理方式[④]。

[①] 李松玉、张宗鑫：《中国乡村治理的制度化转型研究》，山东人民出版社，第83页。

[②] 李松玉、张宗鑫：《中国乡村治理的制度化转型研究》，山东人民出版社，第83页。

[③] 李松玉、张宗鑫：《中国乡村治理的制度化转型研究》，山东人民出版社，第83页。

[④] 李松玉、张宗鑫：《中国乡村治理的制度化转型研究》，山东人民出版社，第83页。

第三章 法治中国进程中乡村治理的转型与发展趋势

2.村民自治组织

村民自治组织包括村党支部和村民委员会，其组织目标在于实现乡村公共利益的最大化。因此村民自治组织是乡村主体中最直接也是最基础的执行主体。在实际运作中，村党组织又是合法的直接执行主体和领导主体，而村民委员会只是直接的执行主体。乡镇政府在一定程度上依赖村民自治组织来贯彻政策和完成上级交代的任务，因而村民自治组织居于乡镇和村民之间，扮演着双重角色：乡镇政府的代理人和村民的当家人[①]。

一方面，作为乡镇政府的代理人，需要贯彻上级政府的政策，并利用政府的力量影响村民自治运作。一则，乡镇对村级工作的认可和支持，能够增强村干部工作的权威。村干部的权威除了取得村民拥护之外，很大程度上来自乡镇政府的支持。二则，乡镇能够为村庄的社会经济发展提供必要的制度供给和服务，如争取贷款、引进农业试验项目等。特别重要的是，村组织希望从乡镇得到更多的财政拨款，来应对取消农业税之后的村级公共事务开支。三则，村干部需要借用乡镇政府的名义影响乡村治理的实际运作过程，或者是由乡镇干部直接出面干预乡村治理活动。[②]

另一方面，作为村民的当家人。有一些村组织为了自己特定的利益，在乡镇和村民之间制造矛盾。当村民指责村组织

---

① 李松玉、张宗鑫：《中国乡村治理的制度化转型研究》，山东人民出版社，第83页。
② 李松玉、张宗鑫：《中国乡村治理的制度化转型研究》，山东人民出版社，第83-84页。

管理不力时，便将责任推给乡镇，而当乡镇责备村组织不作为时，又将责任推给村民。[1]但也有个别的村干部认为本是村民一员，就当为民办事。所以，村组织在一定情况下又必须关注着村集体的利益和多数村民的意愿，使得乡村治理活动顺利开展。同时，他们也直接或间接地利用他们在村庄权力结构中的特殊地位影响村庄治理秩序，为自己赢得乡村影响力，进而赢得自己的利益。[2]

3. 乡村精英

乡村精英是指在村庄事务中比一般成员拥有更多资源优势的村民，比如权力资源、经济资本、文化优势和人际网络等。他们除了掌握着乡村优势资源外，还积极参与乡村的公共生活，对乡村公共事务和其他一般村民有着很大的影响力。贺雪峰运用二分法的框架，将乡村精英分为治理精英和非治理精英。[3]金太军则从乡村资源占有的角度，将乡村精英分为体制内精英和体制外精英，前者掌握着正式资源，后者掌握着非正式资源。[4]但二人均按照二分法进行分类，难免会有非此即彼之嫌。

笔者按照乡村精英主导的领域，大致分为政治精英、经济精英和文化精英等。政治精英主要主导了村治的领域，比如

---

[1] 贺雪峰：《论理想村级组织的制度基础》，载《政治学研究》1998年第3期。
[2] 李松玉、张宗鑫：《中国乡村治理的制度化转型研究》，山东人民出版社，第84页。
[3] 贺雪峰：《新乡土中国》，广西师范大学出版社2003年版，第160页。
[4] 金太军：《村庄治理中三重权力互动的政治社会学分析》，载《战略与管理》2002年第2期。

第三章 法治中国进程中乡村治理的转型与发展趋势

村"两委"负责人,他们拥有上级政府的有力支持,有的在村民中拥有很大威望。经济精英是指在乡村经济发展和市场化、城市化中所出现的乡村企业家和致富带头人,他们通常具备突出的经济头脑,通过诚实劳动和合法经营,敢于在改革开放的大潮中抓住机会,积累经济资本。文化精英则包括两类,一类是传统的宗族领袖,他们熟悉传统礼仪和习俗,在日常节日、婚嫁丧葬中扮演着非常重要的角色,对传承乡村文化起到重要的作用;另一类是新型乡村知识分子,他们拥有一定的专业技术,吸收了新的教育观念,在移风易俗和教育等方面作用越来越重要,如乡村医生、民办教师和农业技术人员等。[①]

乡村精英是乡村治理中不可忽视的力量,尤其是当国家正式权力结构收缩到乡镇一级时,村庄实行村民自治以后,乡村精英对乡村社会的影响便越来越重要。首先,乡村精英是乡村干部职位的有力竞争者和挑战者。特别是经济发达的乡村,群众基于自身利益和村庄经济发展的考虑,往往希望并选择经济型能人进行主政,这样使得经济型精英进入乡村治理结构相对有了更多的机会。其次,乡村精英有可能借助其特有的权威和号召力来影响乡民的选择意向,从而间接对村民自治加以影响。乡村精英是促成村民选举竞争的初始力量和推动器,他们通过各种方式激发村民的投票意愿,并最终影响选举的结果。最后,乡村精英还通过各种方式和手段影响村庄公共

---

① 李松玉、张宗鑫:《中国乡村治理的制度化转型研究》,山东人民出版社,第85页。

权力组织和村干部,甚至直接参与村庄公共权力的运作。

以山东的申村为例,根据相关研究表明,该村权力组织的基础是村庄家族势力,村庄的各股家族势力能否在村庄正式权力组织中达成一致,进而构造一种相对平衡的权力结构,决定了村庄政治能否稳定。只要拥有强势地位的村党支部书记能够团结各股家族势力,让他们在村庄正式权力组织中有自己的代言人,给他们相应的好处,让他们分到一份相应的利益,从而平衡各股家族势力之间的关系,村庄政治就会稳定。否则,就会有人闹事,村级权力组织就无法正常运转。

在申村,决定乡村政治的,不是个人的文凭、素质、品质等,个人是代表家庭的,个人政治的背后是整个家族的联合,若没有强大的家族势力的支持,即便一个村民很有能力,参加并当选,最终,工作也会不容易展开。[①]所以,乡村精英是影响乡村治理的重要力量,精英动员下的竞争性选举有利于增强村民政治效能感和权力的合法性。但其利益最大化的要求,也往往会导致恶性竞争,出现诋毁对手、贿选、牟取私利等弊病。[②]

4.普通村民

普通村民既是政治上村级权力的授予者和委托者,又是经济上自主经营的主体。农民作为经济人的利益取向更加明

[①] 吴毅、吴克伟:《转型中的治理》,湖北人民出版社2009年版,第277页。

[②] 李松玉、张宗鑫:《中国乡村治理的制度化转型研究》,山东人民出版社,第85-86页。

显，作为政治人的权利意识和政治参与意识也随之增强。从村治权力结构中，有必要将村民重新回归到主体位置，依照有效的制度化管理，实现乡村各种权力良性互动。[1]

（二）行政管理到多元治理的转型

随着城市化、信息化、工业化、经济全球化的发展，法治中国进程中的乡村社会不是费孝通时代的"乡土中国"，也不是贺雪峰笔下的"新乡土中国"，而是更具多元性、复杂性、动态性的乡域社会。这样的社会需要的不再是"管理"思维主导下的行政官僚体制，因为科层化的官僚体制过于僵死，无法满足鲜活的社会主体所需要的高效率高质量的服务。而"治理"思维和模式则尽力呈现社会的动态性、多样性和复杂性，并将这种呈现视为治理的起点。[2]

第二节 法治中国进程中乡村治理的趋势

一、治理模式制度化趋势

（一）制度化治理的条件与我国乡村治理

1.制度化治理的条件

制度化治理是现代文明的重要标志，是当代社会治理的主要特征之一，是经济社会现代化的主要标志，也是经济社

---

[1] 李松玉、张宗鑫：《中国乡村治理的制度化转型研究》，山东人民出版社，第87页。

[2] 吴群凤：《法理学视角下的中国乡村法治化探索》，2012年3月，《西南政法大学硕士学位论文库》。

会发展与稳定的必要前提和保障。①其特点主要表现为：其一，它具有权威性，任何组织和个人意志都不能凌驾之上；其二，它具有刚性；其三，它具有开放性，人们都能够熟知并应用它来指导自己的行为方式和思维模式；其四，它具有秩序性和稳定性，能为人们提供行为预期以减少因不确定而导致对未知的恐惧；其五，它具有公正性，是指制度能够提供独立于人的意志之外的客观标准；最后，它具有滞后性，是由它的客观性所决定的。现代社会的制度化治理往往需要以下条件：

第一，随着人们交往的日益加深，社会整体化的趋势也越来越明显。人类社会正在经历着两种模式的变革，其一是工业化和资本扩展产生的大规模的殖民运动，这使得全世界开始打破孤立发展的局面，逐渐朝着融合的方向发展。其二，是20世纪70年代末期开始的许多社会主义国家的改革运动，它以经济发变革的发生影响着全世界的发展和格局的改变。特别是以我国为代表的新的经济体的出现，促使世界范围内的交往不断深入。这使得国与国之间、民族与民族之间的交往和联系更加密切。随着交往和沟通的扩大，世界不同区域社会治理制度规范朝着更明确和严格的方向发展。

第二，现代社会合作与治理的制度规范进一步统一、明确，社会治理制度规范的认同感日益明显。国际化和全球化发展成为整个世界发展的历史必然和历史潮流。以美国等发达资

---

① 李松玉、张宗鑫：《中国乡村治理的制度化转型研究》，山东人民出版社2014年12月版，第6页。

本主义国家为主导的世界格局已经被打破，国家化作为制度发挥的作用越来越明显，国家交往主体行为的规范化和制度化成为历史发展的必然。因此，我们可以说，国际化就是制度化。随着世界各国法治化和民主化进程加快、非政府组织的发展、利益主体多元化趋势的增强，公民主体意识水平得到提高。

第三，现代社会中非正式制度越来越得到尊重，但是非正式制度对正式制度的遵从程度越来越高。随着社会文明程度的提高，人们彼此之间应当更加尊重多样性。对于不同民族、习俗、惯例等非正式制度应当给予更加充分的尊重和认识。现代社会治理必须建立在公开、开放、刚性的正式制度的基础之上将非正式制度纳入正式制度的约束之下，以使非正式制度获得合法地位。

2.制度化治理审视下的中国传统乡村

制度化治理是相对于以人的权威为基础的管理而言的，乡村制度化管理是在乡村经济社会发展的过程中，通过设计和制定适合乡村发展的制度规范约束治理主体的行为，以达到使乡村社会治理行为的规范、合法、客观的目的的活动，促使乡村社会的开放、稳定和有序发展。

制度化治理的适用因治理对象的不同而有所不同。它主要取决于社会或组织自身的结构性状况、成员的自觉程度和开放程度、成员的平等化水平，尤其是社会或组织团体行为的对象要求和成员的独立性程度等。我国传统乡村社会，人们之间的人际关系相对简单和纯粹。人们的交往空间也受到极大的限制，整个乡村社会处于较为封闭的环境。这就造成了我国农村的"熟人社会"。"熟人社会"注定了个人权威以及各种习俗、惯例等非正式制度形式在社会管理中居于主导地位，以正式制度形式为权威的制度化治理方式便无从谈起了。

制度化治理的出现不仅仅需要上述条件，制度化治理的适用还需要有特定条件，尤其是社会结构和治理对象不同，所产生的社会实效也不同。一般而言，社会或组织自身的结构性状况、成员的自觉程度和开放程度、成员的平等化水平，尤其是社会或组织团体行为的对象要求和成员的独立性程度都是影响制度化治理成效的因素。基于此，在我国传统的乡村社会，人们的生产结构比较单一，整个社会比较封闭，社会成员的自觉程度比较低，人们的交际范围相对狭小，相互之间比较熟悉，这样的环境就注定了个人权威以及各种习俗、惯例等非正式制度形式在社会管理中居于主导地位，以正式制度形式为权威的制度化治理方式也就无从谈起。

（二）法治中国进程中制度化治理的必然性

法治中国进程中乡村社会治理出现制度化及其转型并非偶然，它既有历史的必然性，也有现实的必然性。

1.现实必然性

我国经济社会发展的整体性、系统性和结构性，以及由此带来的城市化需求，这是我国乡村社会治理制度化转型的现实必然性，我国乡村治理制度化是我国乡村融入国家经济社会发展体系的要求。

经济全球化趋势加速了世界各国的经济交往与合作，也使世界各国以及世界各主要经济体之间的竞争进一步加剧。

第三章 法治中国进程中乡村治理的转型与发展趋势

我国作为后发国家所面临的竞争和其他经济体的抑制尤为明显。目前，我国已经成为世界第二大经济体，随着我国经济持续发展，世界经济格局也在发生个体性的变化，这种变化引起了西方发达国家的重视，他们不断采取各种手段抑制我国的发展。在此情况下，建立和强化我国自己经济发展的系统结构，对于保持经济发展的相对稳定具有重要意义。我国乡村经济社会发展处于世界经济结构和我国经济结构的双重关系之中，这种双重关系也就决定了我国乡村治理模式转变的基本的宏观背景。①

我国经济社会发展的上述背景决定了我国乡村社会治理的任务在于两个基本方面：一是社会治理的目标要与国家经济社会发展的整体趋势相适应，二是我国乡村社会治理要以乡村的现代化建设为目标。建立开放的、与我国社会整体发展相适应的治理制度势在必行。前者可谓是我国乡村治理的实践性任务，后者可谓是时代性任务。

2.历史必然性

我国农村现代化建设对传统社会治理模式变革的需求可以说是我国乡村社会治理制度化转型的历史必然。

近代以来的我国历史发展表明，乡村在我国经济社会发展中的作用无可替代。我国乡村的现代化建设是我国乡村自身发展的必然要求，同时又是整个国家现代化建设的一部分；我

---

① 李松玉、张宗鑫：《中国乡村治理的制度化转型研究》，山东人民出版社2014年12月版，第8—9页。

国乡村的现代化建设是我国现代化建设的试验田和发祥地,同时又是中国现代化建设的困难所在。我国乡村经济文化相对滞后的状况中包含了传统与现代的对立。但是,对这种对立阐释的前提是对现代性的理解。若把现代性理解为多样的和非西方标准的,可以从我国乡村传统的治理模式中寻找到诸多现代性因素。

乡村现代化和治理模式的制度化转变是我国乡村经济、政治、文化和生活方式、治理模式自身发展的结果。乡村在我国两千多年的历史发展中,尽管其基本生产方式和管理模式呈现出相对稳定性的特征,但始终孕育着发展进步的趋势和动力。其主要原因在于以下方面:第一,生产结构的复杂化以及由此带来的社会关系和治理模式的制度化转型。在我国乡村传统的生产方式是以农业生产为主要形式的,其自身的封闭性导致了稳定性特征。但是,由于经验、人口以及生产对象有限性等原因,生产方式的进步和发展也是一个不争的事实。生产方式的变革使单一的农业生产结构转化为种植业、畜牧业等多样化的生产结构。生产结构的复杂化必然导致社会关系的复杂化。这种社会关系的复杂化表现在人们之间的利益关系日益受到重视,人们对利益关系的重视又进一步成为重视规则的动力,从而导致人们对治理模式制度化的追求。伴随着我国乡村经济结构的不断变化和发展,尤其是自20世纪70年代末期开始的农村经济体制改革,乡村的经济结构以及由此带来的治理模式转变也就成为乡村自身发展的历史必然。第二,我国乡村传统治理制度孕育了反叛自身的因素,促使治理制度和模式不断

第三章 法治中国进程中乡村治理的转型与发展趋势

变革。我国乡村传统的治理制度和模式服务于特定阶层的利益需求，受制于血缘的、宗法的关系，表现为对人的自由、独立的控制和约束。这种治理制度和模式必然产生自己的对立面，促使人们进行反思和改革。伴随着当今乡村主体多元化和利益多元化的加剧，乡村治理制度和模式的转变和进步成为一种必然结果。第三，传统乡村文化观念以及价值标准的不断扬弃，促使乡村人际关系和治理模式不断进步发展。我国乡村传统文化观念建立在农业文明的基础之上，这种文化观念以及由此形成的价值标准，在社会关系和治理理念上体现为谦让忠义和家长制的人的权威。伴随着社会生产方式、生活方式的转变，传统文化通过吸收、接纳、整合各种文化因素促使传统文化向现代文化转变，这种转变在社会关系和治理理念上表现为个性独立和政治平等。当然，这种转变必然体现文化自身的历史及个性特征。[①]

（三）法治中国进程中制度化治理的趋势

法治中国进程中规范越来越多，呈现出制度化治理的趋势，具体而言表现为：非制度化的治理逐渐向制度化治理转变，非正式制度的治理在向正式制度的治理转变，单一制度的治理向多元制度治理转变。

1.非制度化治理向制度化治理转变

法治中国进程中，尤其是1978年以后，作为法治建设经

---

① 李松玉、张宗鑫：《中国乡村治理的制度化转型研究》，山东人民出版社2014年12月版，第10—11页。

济基础的市场经济不断得到发展，市场经济所要求的与之相适应的法制等制度也随之从无到有，不断健全。社会治理出现了非制度化治理向制度化治理的转变，具体体现为：

（1）从人治走向制度的治理

法治并非传统乡土中国所具有的治理方式，在法治中国进程中，最初的法治体现的并非现代意义的制度之治，而是领导人的意志，从本源上说，也就是人治。人治都是从原始时代发展而来的阶级社会的基本管理模式和政治治理方式。[①]从新中国成立之初到1978年改革开放，我国乡村社会治理与整体的社会治理中都体现出了浓厚的人治色彩，虽有法律制度，但是法治处于法律工具主义和法律虚无主义阶段。直到拨乱反正时期邓小平同志提出法律是神圣的，必须要加强法制，要使这种制度和法律不因领导人的改变而改变，不因领导人看法和注意力的改变而改变。[②]这个时候具有现代意义的法治才被国家重视起来。此后，1982年宪法颁布，法治建设全面开展，1992—1996年，法治建设进入全面发展阶段，1997年至今进入依法治国的逐步深化与全面推进阶段。从新中国成立初期到今天，人治的色彩逐渐变淡，制度的色彩逐渐变得浓厚。

（2）从红头文件到法律法规

新中国成立初期，国家受传统中国社会治理和苏联的影响比较重，因为治理中更多的是人治，所以在法与政策上，政

---

① 卓泽渊：《法理学》，法律出版社2009年版，第21页。
② 李晓：《中国法治道路模式的成因分析》，载《文化研究》2016年1月刊。

第三章 法治中国进程中乡村治理的转型与发展趋势

策反而因其灵活性而更多地出现，政策在我国不仅仅有国家政策，也有党的政策，20世纪60年代和70年代，社会控制的主要方式就是运用各项政策，全国人大甚至完全停止立法工作，法学院学生学习的是政策，有民事政策、形势政策和审判政策等，因此有人说若把中国称为"政策国家"是不夸张的，换句话说就是"红头文件国家"。①然而到了20世纪80年代以后，无论是国际贸易中抑或是国内各种活动中，各项法律法规越来越完善。

（3）从砸烂公检法到依法治国

法治中国进程中，如果说立法层面实现的是从非制度化向制度化的转变，那么在执法层面可以说是实现了简单粗暴的非制度化非程序化的治理转向了依法治国、依法执政。"文革"期间，我国的公检法机构及其工作人员一度遭到破坏，作为法治文化四要素之一的物质要素被毁坏殆尽，社会上流行的口号是"砸烂公检法"，到拨乱反正以后，法治建设逐步得以恢复，执法层面逐步实现了依法治国和执政党的依法执政。

2.非正式制度的治理向正式制度的治理转变

乡村治理的权威基础随着制度的不断推进，权威基础上出现了人的权威逐渐转向制度权威，而治理权威的分化其实质是对治理资源或者说制度资源的分配。传统和习惯这些虽然未正式成文，却为社会成员遵守，且事实上成为具有约束力的东

---

① 郑永流：《转型中国的实践法律观——法社会学论集》，中国法制出版社2009年版，第145页。

西，就是一种非正式制度。①为了防止自下而上的非正式制度的霸权，也为了防止自上而下的体现国家意志的正式制度的专断，随着社会的逐步科学化、理性化的发展，社会治理出现了非正式制度转向正式制度并与正式制度共享治理资源、共同拥有治理的权威。只有建立在正式制度基础上的制度化治理才能与市场经济、法制社会相适应。以正式制度为基础的社会治理制度也是现代社会治理制度的主要特征和标志。这一点，对于消解我国传统社会治理制度与建立社会主义市场经济体制相适应的现代乡村治理制度尤为重要。②在法治中国进程中，乡村治理也随着社会治理的转变而转变，逐步实现了从非正式制度向正式制度的治理的转变。法治刚起步阶段，我国乡村治理的正式制度相对较少，更多的是依托习俗、乡规民约、道德等作为乡村治理的规则，一旦人们的行为出现了与之不一致，熟人社会的"舆论、评价"等就会对行为失范者产生压力，从而敦促其改正，并对其他群体也产生一种间接的教育作用。法治逐步发展阶段，尤其是20世纪90年代以后，"送法下乡"、普法等，使得乡村治理中更多地出现了法律法规等正式制度，这些正式制度对乡村治理起到了重要作用。

3.单一制度治理向多元制度治理转变

随着时代的不断发展、制度权威基础的不断变化、多中心主义的出现，社会治理出现了从单一制度向多元制度治理的

---

① 贺雪峰：《新乡土中国》，北京大学出版社2013年9月版，第156页。
② 李松玉、张宗鑫：《中国乡村治理的制度化转型研究》，山东人民出版社，第196页。

转变。正因为国家权威被分解为多个主体共享权威资源,在治理上也就出现了诉讼制度、调解制度等多元纠纷解决机制,这些机制的出现在乡村治理中的体现是"评理""调解""劝和"以及"诉讼"等多种形式并存。

二、治理主体多元化趋势

(一)治理主体多元的优势

治理主体多元化的优势很多,从民主法治社会的成长来说,有利于培育成熟的市民社会主体,有利于社会多元而和谐的秩序的形成。多元化的主体参与治理意味着决策主体多元化、决策结构多元化,逐步改变了传统的政府单一决策主体的情况,可以弥补政府单一结构下的政策供给与执行的缺陷,各个主体之间可以相互协调与补充。

(二)主体多元化趋势

随着乡村社会经济的变革,城镇化的逐步推进,乡村社会空间开始变得更加开放和活跃,以往一元化的全能主义的治理方式已经不复存在,代之而起的是乡村治理主体多元化,主体多元化主要体现在:主体类别多元化、主体的利益诉求多元化和主体参与治理的形式多元化。

1.主体类别多元化

乡村治理主体类别多元具体体现在:乡镇党委和乡镇政府不再是唯一最重要治理主体,村民自治组织(村委会为代表的)、新阶层中的新乡贤、新媒体人和普通村民等也都成为乡村治理的重要主体。乡镇党委是当前乡村治理的权力中枢,是决策中心和权力中心，乡镇政府是行政的执行主体，负责具体事务，真正负责在乡村贯彻落实上层决策的则是村委会，新乡贤大多在政治、经济、文化等领域对乡村治理起着重要的影响作用。当前新媒体的发展，使得每一个人都是自媒体，因此乡村中较有影响力的自媒体人也成为对乡村治理进行监督或评价的重要分子。村民目前参与乡村治理的意识也日益觉醒，法治观念在增强，在乡村治理中发挥了直接作用，有时甚至会因村民的意见而停止决策的执行。

2.主体的利益诉求多元化

乡村治理主体利益诉求多元化，是随着生产力水平不断发展、主体多元、主体的思想多元而产生的，法治中国进程中乡村农民的诉求符合社会发展的一般规律，即当社会发展水平较低时，人们以追求物质利益为主要的诉求，社会发展水平不断提高时，人们便开始追求物质利益之外的精神利益或权利。法治建设初期，我国乡村社会资源贫乏且多服务于城市化和工业化的发展，乡村社会自身所能够保留的物质较少，村民普遍的生活水平较低，因此，那个阶段大多以追求物质利益为主。随着社会不断进步，物质生活不断丰富，乡村治理中出现的诉求就不再纯粹是物质利益，村民们逐步开始重视荣誉权、选举权等问题。从这个角度说，主体利益诉求的多元化是社会发展进步的一个体现。

3.主体参与形式多元化

乡村治理中主体参与治理的形式多元化主要体现在：（1）选举。村民通过选举村民委员会成员，由村委会来代表村民进行自我管理、自我教育、自我服务，这是一般情况下村民参与治理的有效形式。（2）信访。当政府的行政行为或村内村民行为侵犯村民利益，村民基于党的群众路线，基于传统中国"清官文化"的情结影响，就会选择信访以此解决基层治理中的问题。与选举相比，信访也是主体参与乡村治理的一种特殊形式。（3）抗争。主体参与乡村治理中难免会发生利益冲突，当法治在乡村实效与时效难以实现时，村民更多地选择抗争，抗争往往是针对特定事项，是村民参与治理形式中具有高度工具性的一种形式，一般是合法、非暴力的，并且在当地会产生一定影响的。

三、治理法治化主导趋势

法治中国进程中的乡村治理，随着乡村社会的不断发展、人们的法治诉求日益增多、国家对法治逐渐重视，整个乡村社会的治理呈现出了治理法治化主导的趋势。具体表现为：

（一）治理规则的法治化主导

传统乡村社会的治理中，最直接深刻影响治理的规则不是国家的法律，而是乡民社会的习俗、乡规民约等"活法"，自新中国成立以来，尤其是1982年宪法颁布以后，中国乡村社会的治理日益呈现出了治理规则的法治化主导。此前的"习俗"主导的规则日渐让位于"法律"，无论是国家运动式执法形式的"严打"走入乡村，还是国家常态化的对乡村社会进行的"普法"宣传抑或是出现纠纷后的"依法处理"，这些都表明乡村社会治理规则已经呈现了法治化主导的趋势。

(二)治理方式的法治化主导

从1978年改革开放开始,我们国家经济建设方方面面都有了较大进步,乡村社会经济活动也日益增多,正是基于经济活动的增多,乡村社会的纠纷也随之增多。在1978—1997年期间农村纠纷发生后,广大农村地区的人们更偏向于私利解决,大多是很粗暴的"以牙还牙",1997年以后,国家提出了依法治国方略,还有十六字方针的提出,都对乡村社会的治理方式转变产生了直接影响。

自2000年至今,我国法治进程在不断加快,中国特色社会主义法律体系已经形成,我国法治实践也向前迈了一大步。乡村治理方式更多的是采取法治化措施,发生纠纷时,人们更多的是想到报警报案或者诉讼等途径解决,而不再是此前那个历史阶段那种粗暴的非法律方式。这种趋势还将随着法治进程的推进日益明显。

(三)治理思维的法治化主导

思维方式决定行为方式,法治中国建设过程中,村民从最初的私力救济转变为学会了报警报案、到法庭、去派出所等,这些行为背后就是思维方式的转变。在1978年之前,村民大多觉得到法院诉讼是距离自己乡村社会很遥远的事情,随着法律下乡和普法宣传活动的开展,村民对法律的认识也发生了变化,从最初的怕麻烦心理发展到今天,已经变成愿意学法、知法、懂法、守法,法治思维日渐成为纠纷解决时的主导思维。

第三章 法治中国进程中乡村治理的转型与发展趋势

四、治理结构科学化趋势

乡村治理结构的设置决定了不同层级之间主体关系,随着制度的不断健全,乡村社会的治理结构也呈现出科学化的趋势。

(一)县乡镇政府职能的转变

乡镇政府在村与县之间,属于上下关系的中间环节,此前权责不明确时,乡镇政府往往要承担县政府和村两级的责任。从目前各地的治理中可以看出,县政府工作也日益细致,自税费改革以后,乡镇一级承担的职责相对减少,更多的是主张放权,让村民自治能够有空间得以实现。这在很大程度上也对乡镇政府行为提出了更高的要求,即宏观的指导或政策一定要精准,在具体执行中给了村民更多的自治权。

(二)乡村治理方式的规范化

加强乡村治理方式的规范化,是新形势下农村工作的内在要求。当前,农村许多矛盾得不到化解,问题得不到解决,根本原因还是乡治的许多方面规范不够。所以,加强乡村治理的规范化,是依法行政的重要环节,是改善干部形象、密切干群关系的有效办法,是维护稳定、促进改革、推动发展的得力举措。实行乡村治理规范化,目的是为了更好地促进农村基层民主政治建设,保持社会稳定,促进农村经济和各项社会事业的发展。因此,在乡治过程中必须强调坚持四个原则:一是坚持既充分体现党组织的领导核心地位,又切实保证乡村其他组织发挥功能的原则。做到分工科学。二是坚持依法建制的原则,严格依照《宪法》《地方组织法》和《村委会组织法》及党的路线、方针、政策的要求建章立制；三是坚持既约官又约民，重在约官的原则，把乡村干部置于群众的监督之下。四是坚持实用实效、便于操作的原则，使各项制度的制定着眼实际，有章可循，操作性强。按照这些原则，可以在乡村两个层面上进行规范化治理。①

（三）村民自治的趋势

今后村民自治发展的趋势，不仅受农民群众对村民自治的参与和需求程度的影响，更会受社会宏观政治经济走向的制约。因此，要从多方面的联系分析中，才能做出较为准确的判断。今后五到十年，是我国进行经济结构战略性调整的重要时期，也是基本实现社会转型的重要时期，政治稳定比任何时候都显得突出和重要。是否可以这样断言：在未来的五到十年，村民自治仍然是我国民主政治建设领域极为活跃、备受瞩目的领域，是实际操作中的重点领域，也是应当出更多经验的领域。在多种因素和力量的共同作用下，村民自治可能会朝着以下的方向发展。

1.村民自治程序的规范化

一般地、原则地谈论村民自治的时代已经过去了。当前及今后的村民自治必然是具体的。像村委会选举中的提名程序、竞选规则、新旧村委会班子交接程序、罢免程序；村民会议如何向村民代表会议授权；村党支部、村委会在民主决

---

① 朱宇：《中国乡域治理结构：回顾与前瞻》，黑龙江人民出版社，第164–172页。

策、民主管理中的办事程序；等等。都会在实践的过程中日益突出，逐一提上议事日程。实践的需要、社会的需要将推动着村民自治向着程序化、规范化的方向发展。①

2.村民自治施策的配套化

单打一地抓某一项村民自治制度建设的观念已经过时。村民对村庄自治事务的参与也不会仅仅局限于选人、用人上，他们要寻求更多的表达意志的机会。事实将使村民明白，只有四项民主权利都落实时，自己才真正算是村里的主人。由此可知，村民自治制度的相互配套、相互衔接、融为一体，将是必然趋势。

3.村民自治模式的多样化

严格意义上讲，村民自治是在近80万个村委会中运行的，由于各个村的条件和基础各异，农民的分化程度不同，因此，村民自治的实际运行模式也是多种多样。既有以大面积专业粮食种植户为主体的自治，也有农民和居民并存的自治；既有村委会体制下的自治，也有村委会逐步处于弱势，村经济组织处于强势的自治；既有相对封闭的只有本村村民参加的自治，也有较为开放的允许外来居民参加的自治。此外，在村民自治的一些具体环节上，村与村之间也会有差异，呈现多样性。②

---

① 朱宇：《中国乡域治理结构：回顾与前瞻》，黑龙江人民出版社，第183-184页。

② 朱宇：《中国乡域治理结构：回顾与前瞻》，黑龙江人民出版社，第183-184页。

4.村民自治保障的加强化

村民自治的学习、培训,以及观察、评估制度逐步确立;职能工作部门在人力配备、经费供给上将得到加强;对村民自治中违法行为进行处罚的机制将会摸索出来。为加强对村民自治的指导,农村党内民主将会进一步发展,乡级民主进一步开放,形成村民自治与村级党内民主,村民自治与乡级民主相互促进、良性互动的局面。总之,从我国村民自治发展的程度来看,目前村级治理不仅为乡域自治积累了一定的经验,奠定了现实的制度基础,而且已经开始影响乡镇和城市社区,一个从村级横向延伸到城市社区、纵向发展到乡镇政府的乡域治理的新格局正在形成。[①]

第三节 乡村治理转型与趋势动因分析

乡村治理从宏观上讲属于社会治理的一部分,从具体地域上讲,主要针对的是乡村社会的一种治理。乡村治理的转型及其新趋势并非自发存在的,它的发生动因是多种多样的。概括而言,主要受社会转型与国家治理大趋势的影响;受执政党执政理念与政策的影响;受农耕文明向商工文明转型的影响;受城乡与区域资本分配的影响;主体层面是农民的公民意识及权利意识日渐觉醒也成为推动乡村治理转型的重要因

[①] 朱宇:《中国乡域治理结构:回顾与前瞻》,黑龙江人民出版社,第183-184页。

素。具体而言,这些动因主要是:

一、受社会转型与国家治理大趋势的影响

(一)社会转型期的矛盾多元与社会失序,决定了乡村治理转向多元

社会秩序与社会转型之间具有一定的内在张力,社会转型必然带来社会结构的变迁,而社会秩序建构的价值导向又要求社会结构具有相对稳定性。事实上,社会秩序的获得需要依赖一定的动态平衡机制,尤其随着社会环境的不断变化,社会主体对于社会秩序的理解以及价值偏好发生改变时,社会秩序本身的内涵应该体现一定程度的动态适应性。"冲突的绝对性表明,秩序作为一种有规则的稳定状态,绝不是静态的均衡,而是一种动态的稳定。冲突和非平衡不仅是秩序存在的保障,它更是秩序创新与变迁的源泉。"[1]在社会转型期,传统社会规范维系的社会秩序已经面临危机,现代社会规范尚未完全确立,社会处于一个相对无序的时期。为了保证社会的顺利转型,提高居民的社会生活质量,必须充分认识到转型期秩序问题的重要性。[2]

美国学者弗兰西斯·福山指出,在社会转型时期最大的挑战是"面对技术和经济方面的变革,它们能否维持住社会秩

---

[1] 沈湘平:《理性与秩序:在人学的视野中》,北京师范大学出版社2003年版,第47页。
[2] 郑杭生:《当代中国农村社会转型的实证研究》,中国人民大学出版社1996年版,第174–175页。

序"。①自我国开启现代化进程以来,社会既面临着经济结构持续变迁、社会结构深刻变化所带来的挑战,又同时面临着对政治体系及政府管理体系进行现代转型的压力。因而,经济生活、政治生活、社会生活、文化生活的结构性变迁及相互制约的错综复杂关系,共同构成了当下中国大变革的现实图景,这其中发生的各个层面上的结构性失衡和功能紊乱现象,都将构成社会问题、社会矛盾集中爆发的深层次背景。②

社会转型期的秩序问题大致可以归纳为三类:以生产方式转换为核心的经济秩序问题,即从集中控制的计划经济秩序向市场调节的市场经济秩序过渡的问题;以政治参与方式转换为核心的政治秩序问题,即从行政命令的单向控制秩序向协商对话的多向合作秩序过渡的问题;以分层体系转换为核心的社会秩序问题,即从身份取向的封闭式社会分层体系向职业取向的开放式社会分层体系过渡的问题。所有这些问题都涉及到社会规范和价值观念的变化。换句话说,在旧有社会规范逐渐解体,旧有价值观念日益不适应现实社会,而新的社会规范和价值观念尚未得以确立的社会转型期,社会处于相对混乱的状态,最直接的表现就是人与人之间、群体与群体之间常常发生各种对立与冲突。③

---

① [美]弗兰西斯·福山:《大分裂——人类本性与社会秩序的重建》,中国社会科学出版社2002年版,第8页。
② 唐亚林等著:《社会多元、社会矛盾与公共治理》,上海人民出版社2015年1月版,第144页。
③ 郑杭生:《当代中国农村社会转型的实证研究》,中国人民大学出版社1996年版,第173页。

第三章 法治中国进程中乡村治理的转型与发展趋势

当前社会转型在我国最基本的体现是经济体制和社会结构的转型，在计划经济体制和传统社会里长期被"统一、集中"所束缚的社会力量或利益需求开始竞相表达，复杂多元的阶层划分开始取代单一的阶层划分，多元的价值取向开始被宽容地理解，多元的利益诉求不断得到满足，社会整体呈现"百花齐放"的多元格局。但是，经济体制与社会结构的双重转型也造成了制度真空的出现，表现为各种体制不健全，各种机制不完善，各种沟通渠道不畅通，各种社会保障链条的断层，进而引发多元社会矛盾的突发与激荡，比如，初始资源禀赋的差异在不规范、不公平的竞争环境里，逐渐演变成等级性差距，资源占有的不平等演变成权利拥有的不平等，并最终因为"马太效应"的催化作用，演化为贫者愈贫、富者愈富的社会结构性矛盾。[①]

这样的现状意味着单一的治理方式、单一的治理主体、单一而教条的治理理念都难以化解乡村复杂而多元的利益冲突。社会的大转型往往伴随着人口流动，人口流动与城市化也是相伴相随。正是基于这样的内在逻辑，社会转型既是经济体制大转型，也带来社会结构的大转型，在乡村社会治理中，不容忽视社会转型对社会治理提出的新要求，它呼唤着治理理念的民主化，治理方式的制度化和规范化，治理主体的多元化，利益表达和实现渠道的多元化。

---

① 参见唐亚林等著：《社会多元、社会矛盾与公共治理》的前言部分，上海人民出版社2015年1月版。

（二）国家治理的转型，促进了乡村治理的转型

从国家治理起源来看，现代国家治理的转型趋势主要体现在五个方面：第一，在治理权方面，从国王的治理转向国家的治理；第二，在治理范围上，从全能治理转向有限治理；第三，在治理方法上，从权力治理转向法治治理；第四，在治理主体上，从国家治理转向社会治理；第五，在治理的权利方面，从治理者的权力转向被治理者的权利。①

从国家治理走向来看，当代国家治理转型的趋势主要体现在以下五个方面：在治理目的方面，从治理者的合理性转向被治理者的合理性；在治理体制方面，从独断的治理转向同意与共同的治理；在治理理念上，从主观的治理转向客观的治理；在治理结构上，从垂直的治理转向水平的治理；在治理对象上，从对治理对象的治理转向对治理者自身的治理。在治理的目的方面，从治理者的合理性转向被治理者的合理性。福柯说，在19世纪以来的现代世界中，存在着一系列的治理合理性，它们相互交错、相互支撑、相互争论、相互斗争，主要有三种合理性，即以真理为准则的治理技艺；以君主国家的合理性为准则的治理技艺；以经济行为主体或更宽泛地说，以被治理者自身的合理性为准则的治理技艺。在他看来，马克思主义就是在寻找一种新的治理术，它的合理性不是个人利益，而是一种逐步显露为真理的历史合理性。

这种转变实际上意味着国家治理目标的重大变化——国

---

① 主要观点参见刘智峰《国家治理论》，中国社会科学出版社2014年版。

第三章 法治中国进程中乡村治理的转型与发展趋势

家治理的目标应该从总体的转向个体的,追求总体目标带来了一系列的可能满足了国家但却偏离了人民需要的弊端,但国家的存在和发展的目的应该是人,而不是国家本身。阿玛蒂亚·森对此有更为清晰的表述,就是对发展的恰当定义,必须远远超越财富的积累和国民生产总值,这并非忽视经济增长的重要性,而是我们必须超越它,经济增长本身不能理所当然地被看作就是目标,发展必须更加关注使我们生活得更充实和拥有更多的自由。这里实际上体现了国家治理理念上的重要变化,就是从经济的增长转向公众的利益和社会的公平正义,说到底,就是国家的发展应该是以人为本,人的价值是最高的,不应该被物质的繁荣所牺牲的,它带来了政治和法律结构方面的一系列的变化和调整。维尔说,在过去的一百年里,一种新价值出现了,这就是社会正义,它为现代政府增添了一个新维度,导致了新结构的创建、新程序的演进。国家机器先前关心的几乎全是维持秩序、战争和外交,或者处理最低限度的社会常规需求。但要实现社会正义,国家的职能就要发生变化,它不仅仅是分配新物品和服务,它还意味着控制经济以保证完全就业,试图保证农民和工薪者的收入稳定、控制垄断、持一定水平的公共开支、控制收支平衡及其他,而实现这些目的就带来与旧的价值的冲突,要求政府比从前有更大的协调性。

无疑,对于人来说,实现生活的幸福、有质量的生活以及社会正义是一种比经济和财富等物质性追求更高的、更加广泛的价值,是在经济发展到一定水平之后国家治理必须面对和解决的问题。用罗尔斯的话说,所谓正义就是社会的政治、经济结构和社会安排如何公平或者平等地分配基本权利和义务。正义是社会制度的首要价值,某些法律和制度,不管它们如何有效率和有条理,只要它们不正义,就必须加以改造或废除。

所以,公正应该是幸福的、有质量的生活的基础,一个社会一旦失去了公平和正义,也就失去了健康发展的源泉而走向畸形,不但经济将停滞不前,人们的心态也将随之失去平衡,暴力和反社会的倾向就会潜滋暗长。

对被治理者合理性的确认实际上意味着对国家目的的重新认识或者回归:且不论国家的起源究竟为何,但必须承认的是,人们联合起来组成国家是为了个人以及社会的存在和繁荣,那么,国家及其权力的目的就是服务于个人和社会,进一步说,国家及其权力只是个人和社会用来治理自身的工具和手段。而如果把个人和社会视为国家及其权力的工具和手段——只强调治理者的合理性或者国家理由,就是颠倒了国家与个人和社会的正确关系,国家及其权力就走向了人们设立它的目的的反面,就变质和异化了。

从治理者的合理性向被治理者的合理性的转变还涉及由谁来评价治理的效果问题。对治理者合理性的强调导致治理的目的主要为了国家自身的目标,衡量和评价治理的效果当然也以治理者自身为主,看是否满足了治理者的愿望和要求,也就是说,在治理者合理性时期,治理者自身就是评价的尺度。在这种治理结构下,治理者不会感受到来自民众的压力,他的压力来自他的上级。但在国家治理转向被治理者的合理性之

第三章 法治中国进程中乡村治理的转型与发展趋势

后,评价的依据和标准自然就发生了巨大的变化,被治理者也就是人民将成为治理结果的评价者,作为被治理者的群众而不是治理者自身或者治理者的上级领导的是否满意将成为新的评价尺度的制定者。这当然就给治理者带来了压力,而这种压力会促使治理者改进和完善他们的工作。在前一种情况下,治理者可能为了满足上级的愿望而牺牲民众的利益,而这种危险在后一种情况下就大大地降低了。变革的重点在于,治理的合理性应该来自被治理者自身而不是外部,比如如何评价经济的发展,好的有成效的经济发展应该是有质量、有内涵、不破坏环境而且发展的成果是被多数人分享的;相反,数字和速度都是经济的表面而不是其实质。当然,导致治理者合理性的重要原因是官僚体系的内部结构和运转逻辑,那些治理中的牺牲长远的短期行为、取悦于上级的政绩工程都是官僚体系的必然结果,所以,要扭转治理者合理性的评价标准,使得治理者对治理的对象而不是其上级负责,需要一系列体制机制方面的变革,要建立民众、公共舆论和利益相关方、社会第三方评价机构等都能够参与评价的制度,要把治理的成效以及治理对象的评价而不是治理者内部的尤其是官僚机构上级的评价作为其升迁的依据,才能真正体现被治理者的合理性。

可以说,从治理者的合理性到被治理者的合理性的转向意味着治理的理念和有关治理的政治制度和社会结构方面的重要变革,只有进行政治和社会方面的深入改革,在改革中贯彻公平正义的理念,治理的合理性才能够变为现实。

在治理的体制方面,从独断的治理转向同意与共同的治理。也就是从独治走向共治。独断的治理与同意与共同的治理的重要区别在于是否征求了被治理对象的同意，治理中体现的是治理者的意志和利益还是包括了被治理者在内的共同的意志和利益——也就是康德所说的"绝对君主"与"有限君主"的区别。

在康德看来，在共同体中服从权威是必需的，但仅有服从是不够的，还必须有自由的精神，有服从而无自由就会促成秘密结社，如果自由得到维护，秘密结社就会解体；另外，最重要的是，人民如果失去了自由的精神，一个政权就不能获得进行治理所需要的知识。这是一个被治理的实践证明很准确也的确是从治理者着想的论断：治理者必须始终保持知识上的谦虚，主动接受被治理者的意见和批评，以便完善他们的治理知识。如阿伦特所说，康德的主张是要进行正确的治理，就要有"公共空间"的存在——如果是行动的公共空间，至少也得存在一个意见的公共空间，而意见自由废止的时刻就是反叛的时刻。也就是说，治理中失去了被治理者的同意的结果可能就是两败俱伤。换言之，这就是对治理中的公开性的要求。施米特说，康德的时代，公开性变成了一种绝对价值，虽然它最初只是一种反抗绝对王权主义官僚化的、专业技术性的秘密政治的实践手段。只要有出版自由，权力滥用就难以想象，只要有一家报纸，就足以打垮最强权的僭主，印刷术是自由的基石。总之，公开性成为控制治理者权力的一种有力手段。

独断的治理潜在的含义是政府或者治理者是最好的、最有智慧的，但如德鲁克指出的，这是不可能的，没有人能够

第三章 法治中国进程中乡村治理的转型与发展趋势

掌握终极真理,因为把自己认为是最好的最终会演变为绝对主义——它是唯我独尊的,到头来必定会被认为是完美无缺的,而这一旦发生,自由就是不可能的。

独断的治理是单向的,而同意的治理是双向的,自然也就是合作的一是从群众中来,到群众中去。独断的治理中,被治理者是被动地接受,没有讨论的余地,治理者实际上是失去了从治理对象中获得知识的机会,而同意的治理中相关的政策必须尊重被治理者的权利,经过他们的同意,允许他们的参与,实际上是吸纳了治理对象的意见,使得治理的知识更加完善和符合实际。用阿玛蒂亚·森的说法——他的观点和康德简直是一脉相承,必须把人看作主动参与自身前途的塑造者,而不只是被动接受某些精心设计的发展计划。允许对政策进行公开的辩论和批评——允许群众参与政治决策的讨论是有效抑制既得利益集团对政策的干预从而形成公平的良好的公共政策的重要前提。

治理不能只是体现治理者的意志和利益,而必须体现主权者——人民的共同意志和利益,这是卢梭反复申论的,就是如果统治者以个人的小团体的意志和利益取代了公共的意志和利益,就会导致社会的崩溃、公意的瓦解、私利的泛滥,国家就会面临解体的危险。

共同的治理实际上是对官僚主义国家权力过度膨胀的一种抵抗。这实际上意味着政府在不断发展壮大并且日益复杂的社会经济面前的无奈,它的权威失落了,作用削弱了,高高在上的统治失灵了,它必须转变方式、放低姿态,它必须与社会协商、合作。

在治理的理念方面，从主观的治理转向客观的治理。在思考历史的同时，我们必须记住事情的神秘性以及我们的问题最终得不到解决的可能性。也可以说是从人为的治理到遵循事物规律的治理。换言之，政府在治理某事的开始阶段，似乎总是有一种相对于治理对象的在知识上或者智慧上的优越感——这种其实是虚幻的感觉大多来自他们掌握的权力——他们以为他们自己是对的，而被治理者的动机、行为方式等都是错误的，或者幼稚的甚至不可理喻的。于是，在治理某种经济的或者社会危机的时候，政府最常见的方法就是以强迫命令的方式去要求人们改变他们的行为方式——因为在他们看来，民众的行为方式是危机出现的根本原因——进而改变事物的自然发展的进程，但结果通常是相反的。

国家治理在现当代转型的趋势对我国而言也是不可避免的，我国的乡村社会的治理是国家治理在乡村这个特定区域的一种体现，乡村治理也必然受国家治理转型的宏观趋势的深刻影响。

二、中国共产党执政理念与政策的引领

党是我国一切事业的领导核心。乡村社会的改革也是在党的领导下进行的，党的执政理念和政策是影响乡村治理转型的重要动因。

（一）党对乡村社会治权的领导

改革开放前，从1949年新中国成立至1976年"文化大革

第三章 法治中国进程中乡村治理的转型与发展趋势

命"的结束,农村党组织建设走过了一个曲折发展的道路。1949—1956年,我们党能够从实事求是的思想出发,积极探索农村党的基层组织建设,并开启了一个好的开端,1956年中共八大尽管给基层党组织建设确立了正确的道路和方向,但是随着"大跃进""人民公社化""文化大革命"等一系列运动,党的建设指导思想逐渐背离了正确的方向,渐渐地以"阶级斗争"为纲的思想一步步地升级,最终成为党组织建设的指导思想,给农村党的建设造成了极大的危害。①

党通过乡村政权建设最终形成了高度集中的"公社"制的管控模式,这种模式的形成标志着全能型政党模式的确立。全能型政党模式的形成是具有路径依赖性的。新中国成立后,党凭借其"人民大救星"的权威号召力,牢牢掌控了乡村基层政权。1978年的家庭耕作制度动摇了"公社"制的管控模式的经济基础,这也意味着改变了党构建的农村权力的结构。在中共高层放权赋民的新的政治设计下,农村基层的治理模式也从"服从型"走向了"自治型"。

在村民自治的农村新治理模式下,在村民自治中党的领导地位的实现是通过农村基层党组织的领导来实现的,因此,坚持党对村民自治的领导,在实践上必须维持和巩固村级党组织的领导地位。家庭耕作制度和村民自治以后的农村各方面都发生了巨大的变化,最明显的变化之一就是过去由党组织

---

① 蔡青伟:《中国共产党农村社会治理的基本特点》,《西南交通大学博士学位论文库》,2014年5月。

统揽的资源分配权和其他权力现在由村内不同的主体分享,农村治理主体呈现了由"一元化"向"多元化"的转变。尽管如此,党从来都没有试图放弃或削弱党对农村的领导。相反,从十一届党的三中全会以来党和国家在一些重要文件中高度重视农村基层党组织建设,十分明确地肯定了农村基层党组织在农村社区的领导核心地位。

在实践中,各级党委和政府也把村级党组织作为在农村社区贯彻落实其政策和意志的主要依托。这样就使村级党组织事实上成为国家在农村社区的主要甚至唯一的合法代表。对于许多村民来说,他们对村级党组织的信任、拥护和服从,在很大程度上是由于对党的信任和拥护,当然同时也包括对国家力量的畏惧和从国家获得好处的期望。①

（二）党领导下的农民自治

人民当家做主是党自成立之日起就孜孜不倦追求的政治目标。新中国成立后,如何更好地保证人民当家做主,党作了积极的探索。纵观新中国成立到改革开放的这27年村民当家做主的发展轨迹,在改革开放前党在探索村民当家做主的组织形式时,经历了从土地改革时期的农民协会、农业生产合作社到人民公社的三步走,由最初的"群众性自治组织"发展到高度集中的"人民公社体制"。村民当家做主也有土地改革时期的"由民做主"转换为"代民做主"。这种"代民做主"实质是一种"政治权力委

---

① 蔡青伟:《中国共产党农村社会治理的基本特点》,《西南交通大学博士学位论文库》,2014年5月。

第三章 法治中国进程中乡村治理的转型与发展趋势

托"制度。这种制度并不是对人民当家做主权利的无视或剥夺，而是在特定的历史条件下出现的政治现象。①

村民自治是改革开放后，是我国底层和顶层对如何实现村民当家做主探索的结晶体。改革开放前，党在探索村民当家做主的组织形式中，最终选择了政治、经济、文化及社会高度一体化的人民公社管理体制。虽然人民公社的管理体制保障了党在农村的一元化的领导，但这种代民做主的管理体制严重窒息了广大村民参与的积极性，在生产劳动中，呈现了"出工不出力"的"不作为"现象。这种"不作为"的结果，致使一些地区村民的"生存"面临着威胁。为了"生存"，1978年小岗村选择了"包产到户"的家庭耕作方式。这种"经济自治"的村民当家做主的行动，引起了党中央的高度关注，虽有争论甚至是分歧，但在邓小平倡导的"解放思想、实事求是"的思想路线下，党抛弃了阶级斗争的逻辑思维，取而代之的是生产力的逻辑思维，家庭承包经营制度最终成为党在农村基本政策的基石。农村"经济自治"的兴起，动摇了人民公社管理体制的经济基础。广西合寨村揭开了农村治理的新开端——村民自治。村民自治是广大村民要当家做主的选择。这种选择同样也受到了党中央的高度重视，在党的引导下，村民的实践中村民自治不断完善不断发展，最终被吸纳为我国的基本政治制度之

---

① 蔡青伟：《中国共产党农村社会治理的基本特点》，《西南交通大学博士学位论文库》，2014年5月。

一。①

(三)党领导下的法治进村

在1949—1956年,由于党的正确指导思想,这时期的法制建设取得了重大的成就。制定了新中国第一部宪法,颁布了《中华人民共和国土地改革法》等相关法律,规范了土地改革和合作化运动等。从1957年,由于对我国主要矛盾的错误判断,我国的法制建设处于徘徊时期。随着"阶级斗争的扩大化",1966年爆发的"文化大革命"使我国的法制建设遭到重创,我国人民度过了"无法无天"的十年。党的十一届三中全会后,我国农村的法制建设迈入了一个新时期。党中央对法制建设的高度重视推动着农村法制化的不断完善。从"家庭承包"的相关法律到村民自治的法律文本的不断增扩彰显了依法治村的新探索。②从学术语境来说,乡村的法治在党领导下经历了"送法下乡"再到"迎法下乡",再到目前的法治主导下的多元共治。

三、农耕文明向商工文明转型的影响

不同的生产力水平会影响不同的社会管理方式,我国乡村社会从传统的农耕文明向现代的商工文明转型对乡村治理的转型也产生了直接的影响。

---

① 蔡青伟:《中国共产党农村社会治理的基本特点》,《西南交通大学博士学位论文库》,2014年5月。
② 蔡青伟:《中国共产党农村社会治理的基本特点》,《西南交通大学博士学位论文库》,2014年5月。

第三章 法治中国进程中乡村治理的转型与发展趋势

（一）传统农耕文明是传统的乡规民约赖以存在的文化基础

通过比较，我们可以发现不同时代的乡规民约在内容上有很多差别。以清代乡规民约为例，大多可以归纳为以下四类：倡导劝善性乡规民约、禁止性乡规民约、惩戒性乡规民约和公益性乡规民约。①

20世纪80年代海南秀英区石山镇美社村制定的《村规民约》至今依然存在并发挥着其约束力，它的由来主要是源于20世纪80年代初，村里一小孩常常偷鸡摸狗，在一次行窃过程中被村干部抓到，召开村民大会，会上按照所偷物品的五倍市价处以罚款并放一场电影给群众看，在放电影前要向群众做检讨。经过村干部和党员开会讨论制定了行窃行为的处罚条例，并以书面形式向群众公布、存档，形成了美社村的《村规民约》。从内容来看，仅有以下几条："一、严禁贩毒吸毒涉毒；二、严禁赌博、打架、斗殴、酗酒、闹事；三、凡不赡养、虐待老人和对未成年监护不力者，交由群众大会讨论处理；四、对随地大小便、乱丢垃圾者罚款10~50元；五、凡故意破坏公共场所的花草树木罚款50~100元；六、盗窃家禽、家畜的按市场价格10倍赔偿并罚电影2场；七、入室盗窃的物品按照市场价值的10倍赔偿并罚电影2场；八、盗窃机动车辆按其价值的10倍赔偿，并报送公安机关；九、盗窃树木（主要是花梨木）按市场价格的10倍赔偿，并报送公安机

---

① 侯春杰：《清代乡规民约对当代村规民约的影响》，载《中国政法大学硕士学位论文库》2007年3月。

关;十、盗窃各种水果的按市场价格的5倍赔偿,再罚电影1场。"①

通过比较可以发现时代在发展,不同时代农村出现的行为不同,所以就会有不同的诉求,而清代和20世纪80年代相比较而言,基于生产力的发展、民众生活中对电影的期盼,所以可以发现清代惩处措施中不存在的,在20世纪80年代海南的这份村规民约中却出现了。可见,村规民约往往反映的是特定时代特定地域的民俗民风,农耕文化是传统中国乡规民约存在的文化基础。

农耕文明中对时序的遵守影响着人们对社会秩序的遵守与维护,正是因为农耕文化中有"敬天"之理念,因为风调雨顺则农民收成有望,温饱才有希望,因此乡村社会的生活中也要求人们要敬畏上天,即通常所说"三尺之上,有神明",基于敬天,就要求统治者要有德以求"以德配天",方可"保民"。这就是农耕文明对社会秩序产生影响的一种体现。

(二)商工文明的市场规则是现代民主法治建立的制度基础

商工文明的到来意味着现代化、市场化、城市化的活跃呈现。其经济领域是市场经济,而非自给自足的小农经济,规模化的生产开始出现,人财物流动非常频繁,劳动、资本和原材料在流动中结合,在市场经济条件下,人们遵守的是市场经济的规则,市场经济意味着自由全面充分的竞争、公平公开的交易,而这些规则恰恰又与现代民主法治的制度建设相一

---

① 本部分资料来源于海口秀英区石山镇调研时当地村头的石碑。

致。现代化意味着生产不再以农业生产为主要的物质财富生产方式，农民不再以血缘为联系纽带作村落聚居，乡村农民通过进城务工融入城市生活。

商工文明的主要特点被概括为：思维方式的理性化，价值观念的人本化，交换方式的市场化，生产方式的工业化，分配方式的普惠化，生活方式的城市化，组织方式的民主化，管理方式的法治化。①不难发现，商工文明的这些特点以法学视角来看，都是现代民主法治制度建设的基础。

（三）农耕文明向商工文明的转型注定了乡规民约遭遇法治的现实瓶颈

因为商工文明的优越性，农耕文明必然在历史长河中逐渐让位于商工文明。这种文明转型趋势带来的就是治理规则与治理方式的转型。如果说农耕文明背景下的乡村治理是以"乡规民约"为主导的话，那么商工文明背景下的乡村治理就是以法治为制度基础的多元化治理。治理转型意味着乡规民约在现实中必然遭遇一定的瓶颈。具体而言：首先，乡规民约要被现代化浪潮冲击，乡规民约是熟人社会的关系规则，适用于农耕文明状态下相对稳定而熟悉的乡民之间。伴随现代化而来的市场化使得乡规民约作为一种治理方式失去了应有地位与价值，市场经济的各种规则主导着市场主体。乡规民约中崇尚血缘、重视地缘的状况被称作流动的市场缩充剂，市场化的进程中，是在原来的文化框架背景下保守乡规民约，还是要革

---

① 张恒山：《略论文明转型》，载《学术交流》，2010年12月刊。

新？陷入两难。[1]其次，乡规民约被国家权力不断扩张渗透，也面临生存问题。再次，乡规民约被多元文化所淹没，此前赖以存在的单一的传统农耕文化不复存在，取而代之的是文化多元、观念多元。乡规民约作为传统社会中一种文化存在方式，已经被法治主流文化所冲击。[2]

四、城乡与区域资本分配影响乡村治理转型

城乡关系的改变对乡村社会的生活、价值观产生了巨大的影响。城市是一个地域中的政治、经济和文化中心，20世纪80年代初我国改革开放初期进行了大力的招商引资工作，主要是吸引了外国的资金、技术设备和管理方法，城市最先受到外部发达国家的影响，经过引进、吸收、转化等环节，城市的市场经济得到快速的发展，城市的科学技术水平、资本实力、文化教育功能、基础设施、法治环境、社会保障等有了极大的飞跃，形成了城市对乡村的优势。

另外，由于国家政策在这一时期偏向于城市建设，没有对农村进行积极的保护，农业税一直较为沉重，城乡之间在经济上存在产品价格的剪刀差，城市工业产品与乡村的农副产品交换具有很大的不公平性，在国家废除农业税之前，城市完成了早期的资本积累。城乡的不平等关系在户籍制度、教育制

---

[1] 黄爱教：《论乡村治理方式的转向——从乡规民约到作为社会生活方式的法治》，载《新农村建设研究》2007年第1期。

[2] 黄爱教：《论乡村治理方式的转向——从乡规民约到作为社会生活方式的法治》，载《新农村建设研究》2007年第1期。

度、社会保障制度等多方面体现出来,城乡之间发展的不平衡性也在城市居民和农民的收入、享受的公共服务水平上体现出来。城乡之间发展的不平等、不平衡关系对乡村的发展产生了严重的影响。大量的青壮年劳动力进入城市寻找工作,他们多数难以找到一份体面的工作而只能做城市人口不愿做的脏活累活,物质上和身份上的不平等使得进城的乡村青年很容易就建立了物质崇拜的观念。青壮年流向城市,只剩下孤老、妇女、儿童无奈地留守在农村。人口的大量外流,加上城市物质化价值观的冲击,使得传统的安土重迁、安分守己的价值观念完全瓦解了,乡村的社会秩序出现了危机。①

也正是因为乡村的社会结构、产业结构、人口结构发生了改变,乡村社会秩序难以按照以往的方式得以维系,乡村社会的治理也随之出现转型。

---

① 李松玉、张宗鑫:《中国乡村治理的制度化转型研究》,山东人民出版社2014年12月版,第39—40页。

第四章

域外乡村治理模式及其经验借鉴

第一节 域外乡村治理模式简介

域外乡村治理模式与我国乡村治理之中既有共性，也有差异，通过了解域外不同国家和区域的乡村治理模式，从中汲取有益经验以供借鉴，可以促进我国在法治进程中更好地实现乡村治理绩效。在本章基于文章篇幅和对我国的借鉴意义，特选取了韩国、美国、巴西、欧盟四个国家或区域作为可供借鉴的乡村治理样本予以介绍。韩国与我国在地缘上相邻，传统文化上具有同源性，在社会治理中的共性在于政府主导下自上而下推行国家政策，韩国的新村运动类似于我们的新农村建设，其农村治理成效突出，创造了汉江奇迹，对于我国有借鉴意义。美国与我国在政府与社会关系上属于两个完全不同的国家，美国是"小政府—大社会"，中国属于"小社会—大政府"，但是在农村的治理中，美国最终走向了社会自治体与政府等多元共治的道路，而我国一以贯之的"大政府"包揽社会治理的方方面面，农村治理成本较高，在社会转型期建构法治中国，尤其要注意给社会松绑，以释放社会活力，从而促进多元主体共同治理，在这个方面，我们有必要学习美国。欧盟早期所经历的教训正是我们要总结的，后来的人本关怀理念贯穿其乡村治理的诸多方面，公共服务和社会福利的充分保障尊重并保障了人权，这是值得我们学习的。而我国在法治中国进程中，早期发展过程中，基于我国法治的外来压力型演进模式，也是如同欧盟早期一味注重效率、忽略人文、忽略环保等，带来了很多需要弥补的社会问题，因此，欧盟所走过的道路恰恰是我们可以镜鉴的先例。之所以选取巴西，是因为我国社会转型期与巴西也有很多相似之处，社会贫富差距较大，农村的公共服务落后，农村公共品的供给有限，农村的贫困落后是政府治理的主要对象。而巴西工人党通过"扶贫减贫"项目在短期内促进了农村的脱贫减贫，效果很明显。我国目前农村地区国家也在推行"精准扶贫"政策，目标是到2020年要实现全面建成小康。从治理贫困角度来说，巴西对于我国而言，具有借鉴价值。

一、韩国乡村治理

韩国与我国东北相邻，气候与我国东北是一致的，自然地理环境相对差别不大，在20世纪60年代以前，韩国是一个经济落后的东北亚国家。1962年以后通过城市化、工业化道路，在朴正熙执政期间创造了韩国历史上的"汉江奇迹"。1970年韩国开始走上农业现代化道路，也就是韩国历史上的"新村运动"，即新农村建设运动。这项改革对于韩国农村而言是内容广泛的，涉及韩国农村的经济、民主政治、社会治理、民生等多个方面。新村运动期间政府所采取的措施主要有：机构设置上中央层面设立"新村运动中央协会"，设立研修院专门培训新村的指导员和驻村干部。在公共基础设施建设上政府投入了很多原材料（比如钢筋、水泥等），也修缮了很多农民的房屋、修建道路等。在推进新村建设与改造中，一切有法可依，制定了农村建设的标准和若干法律法规，约束政府权力。

在治理主体上沿袭政府主导的传统，在农村地区充分尊重农民的主体性，对农村治理评判和监督体系的人员设置上更加尊重农民的意志，同时基于政府与企业的密切关系，政府也给企业实施强制性的行政命令，要求企业必须以参与乡村建设、在乡村设分厂的形式来承担其社会责任，而非政府组织中农协吸纳了韩国60%以上的农民参与其中，对农村社会治理也发挥了重要作用，可以说在韩国农村治理主体上是政府主导下，农民起主体性作用，企业、社会组织（农协）等多元主体共同参与下的农村治理。在缩小城乡差距、促进农村经济发展上，韩国政府注重农业技术推广与运用，主张并支持走绿色农业、现代农业道路。正是因为以上诸多措施的实施，使得韩国的乡村治理成效比较突出，短期内实现了"汉江奇迹"，大大改变了韩国农村落后无序的面貌。

二、美国的乡村治理

美国与我国相比较，我国属于传统的农业大国，农村占据了我国很大面积，而美国农村地域大，早期农村人口数较多，但是20世纪70年代以后，美国西部的城市化率超过了

83%。①美国真正从事农业生产的居民较少，村落在美国较少，相反，社区在美国较多。因此美国的乡村治理与我国有很大的差异性。

美国为了促进乡村治理绩效的实现，采取了独特的治理结构和模式，促进了美国乡村秩序稳定和农民权益的实现。主要特征在于：（一）在理念上比较尊重多元文化多元主体并存，社会具有较强大的包容性。（二）在机构设置上于1990年在各州成立了"州农村发展委员会"，该机构是制定实施各自的发展规划，提高乡村居民生活质量的办法及措施。（三）在农村社会治理主体方面，传承"小政府—大社会"的传统，充分发挥社会自治体—社区的作用，政府也在宏观调控方面发挥一定作用，非营利性组织和企业在农村社会治理与建设中也发挥了重要作用。（四）在治理主体分工上，政府承担的公共品供给主要包括：乡村的公共安全、乡村经济的发展、乡村自然资源的管理和保护、司法救助、乡村教育的普及与医疗卫生服务等。②非营利性组织主要在慈善、环保、医疗、教育等领域提供一些公共产品，企业承担社会责任则是通过对农民工的"劳工权利保障"、环境保护、弱势群体保护、参与或赠予基础设施等形式来促进农村社会治理与建设的。③（五）在美国农

---

① 吴新叶：《城市化进程中的农村社会管理研究》，上海世纪出版集团2014年8月版，第180页。

② 张书丽：《改革开放以来我国乡村治理探究》，见2012年《信阳师范学院硕士学位论文库》。

③ 吴新叶：《城市化进程中的农村社会管理研究》，上海世纪出版集团2014年8月版，第187页。

村经济发展的组织形式中,农业经济合作组织是其比较典型的组织形式。农业经济合作组织在美国农村经济发展中能够像欧盟的农协一样代表农民立场,积极引导农民与市场有效对接,能够将农产品交易信息、技术信息等及时提供给农民,从而促进农产品在市场上安全有序流通。美国政府给予了很高的支持,除了政府的支持,"合作组织的发展形式要随市场经济的发展而变化:高效的合作组织必然有一套高效的内部管理机制"。[1]

三、欧盟的农村社会管理模式

欧盟在农村社会管理方面最为突出的特点主要概括为:

(一)在治理理念上注重人本关怀,欧盟国家通过合作社和农协等机制充分尊重人本价值。欧洲目前不同规模和级别的农协组织较多,洲际组织有一个,欧洲农协拥有15个成员国的29个团体会员单位,各国又设有自上而下的不同层级的分支协会,吸引众多农民参与其中。[2]农协在人本关怀方面的作用主要体现在:1.维护和代表农民利益,影响并参与国家农业政策的制定;2.在市场竞争中站在农民立场,维护合法权利;3.代表欧盟农民集体,在欧盟与其他区域或国家的国际交流中发挥其积极作用。

(二)在农村社会治理的方式上更多体现的是民主参

---

[1] 张金萍:《农村合作经济组织发展简析》,载《农村经济》2005年第1期,第22-25页。
[2] 吴新叶:《城市化进程中的农村社会管理研究》,上海世纪出版集团2014年8月版,第192页。

与。科层制与民主制的发达并存于欧洲，西方现代科层制是发源于欧洲的，现代民主制的多元形态也是存在于欧洲的，在农村社会治理方式上也是充分体现了民主参与。在决策方式上，他们不同国家往往通过"公民小组"或者"外行特别小组"或者称"共识会议"等组织来将管理过程纳入民主机制，这样做可以拓展"合意性空间"。以丹麦为例，丹麦通过决策指导委员会来监督议会的组织运作，而决策指导委员会主要由科学家、技术专家、企业管理人员、工会成员等多元主体共同构成，[①]这样的决策就会有更坚实的民意基础，能够确保决策的科学合理性，也能够减少后续执行过程中的障碍。

（三）在涉及农村社会公共利益领域（比如环保），政府是动员全社会来共同参与。欧洲的社会治理中，公共意识较强是政府治理成本低的一个重要原因。以环境保护为例，欧洲的城市化、工业化进程中也一样牺牲了广大农村地区的环境，环境污染严重影响农村地区的生存与发展，但目前而言，欧洲在环保方面成为世界很多国家学习考察的典范，究其原因主要在于涉及公共利益的，就会动员全社会共同参与，具体而言：1.政府作为监管部门，在涉及环保方面不仅仅有定期的环评机制，对存在环境污染的企业有严厉的惩罚机制，还会鼓励节能环保类的新技术广泛应用于生产生活；2.广大农村社区作为环保的监督者与参与者，既能积极给政府提供监督所得

---

① 吴新叶：《城市化进程中的农村社会管理研究》，上海世纪出版集团2014年8月版，第191页。

的环境污染信息，也能够积极组织社区农民参与植树等形式来促进环境保护；3.非营利性组织也是环保队伍的重要一员，此类组织在环保方面除了积极组织环保行动，在环保决策方面也发挥了重要价值。

（四）在农村社会治理的技术上注重电子服务平台的运用，比如电子政务已经广泛使用。在欧盟各国电子政务普及率相对较高，使得农村的社会管理能够触及到基层的每一个民众。以德国为例，50~59岁间的老人上网了解政务的比例高达50%，60~69岁老人上网了解政务的比例也超过了三分之一。[1]在年轻人中电子政务的运用人数和使用频率更高。当下欧洲电子政务发展处于领先水平，比较成熟的技术应用主要有"公众诉求电子化"、公共论坛电子化、民主投票电子化、信息电子化和服务电子化等[2]，电子政务日益成为一种民主生活常态化的方式，成为基层社会治理的现代性工具。

四、巴西乡村治理模式简介

巴西属于美洲城市化率（80%）较高的国家，该国城市化的迅猛发展对农村社会秩序冲击较大。主要体现在：城市化的过快发展使得农村无地失地农民批量涌入城市，城市"贫民

---

[1] Paul Nixon, Vassiliki N.Koutrakou, E-government 2n Europe: Re-booting the State, Oxen: Routlege, 2007, pp.91–92.

[2] Suree Funilkul, Wichian Chutimaskul, "The Framework for e-Democracy Development", Trans forming Government: People, Process and Policy, V01.3 No.1, 2009, pp.16–31.

窟"大量出现，失地农民成为社会不稳定因子，不定期的各种抗争出现在城市；高城市化率带来的是社会畸形发展，穷人阶层所能够享受到的公共服务很少，公共安全等得不到充分保障，随之，这个阶层也带来了高犯罪率，而警察等公共治安部门和强大的国家机器却腐败不堪，乡村原有的秩序被城市生活的这种无序所取代。

由于失败的城市化进程，造成了社会贫富差距很大，社会不安定因素较多，农村地区的贫困成为了巴西社会稳定的隐患。因此，在巴西的农村治理中，巴西政府比较注重着眼于：第一，治理对象是农村的贫困，实施扶贫减贫的各种工程项目，建立家庭农场、实施土地政策改革，在农业领域提供价格补贴、创造更多就业机会等，注重增加对农业的公共设施投入（比如机械、道路、灌溉系统等），这些举措对于巴西农村地区的脱贫起到了重要作用，解决了失地农民的生存问题，一定程度上维持了农村社会的稳定。第二，巴西政府注重调动多元主体积极参与农村的社会治理。除了巴西政府主导并积极对农村进行治理，巴西政府还鼓励妇女群体积极发挥其自身优势参与乡村治理，支持并促进非政府组织尤其是邻里组织的发展，在乡村治理中让邻里组织发挥了重要的监督和参与作用。第三，巴西的农村治理注重以家庭为单位开展各项活动，而非我国的以人头为单位，巴西农村很多公共品的供给、社会保障的提供、社会救济和社会福利的分配往往是以家庭为单位开展的，其实效很优越，值得我国借鉴。

第二节 域外乡村治理模式比较

域外乡村治理模式如前所述,虽然乡村治理都受到城市化、工业化、信息化等影响,各国在治理上也都各有侧重,但至于我国这样一个农业大国,尤其是现代化进程中的法治中国,域外乡村治理的经验及其教训都值得我们镜鉴。通过比较不同国家的治理模式,可以从中汲取对我国有价值的经验。

一、自治的程度与方式比较

依据国家与社会二元划分法来看域外乡村治理,可以发现其共性是都注重乡村社会的自治,注重社会力量对农村治理的作用。但是自治的程度与方式是有差异的,这种差异往往与该国或区域的历史、文化、习惯、传统等因素有关。上述美国、韩国、欧盟、巴西等国家或区域中,从农村社会自治传统来说,欧盟的自治传统更为悠久,其次是美国和巴西。社会参与(包括社会组织、企业、农协等的参与)农村治理中,美国政府主要提供的是行政监管和法律服务、社会保障和公共服务、维持公共安全、提供公共物品(比如公共基础设施建设等);巴西政府提供的主要是相对具有连续性的农村政策和民生政策,以扶贫减贫项目为载体;欧盟则是以人文关怀为标签的重点提供公共卫生等公共品。从自治程度上来说,基于美国早期是以自治体为主导的农村社区治理机制,这种"大社会—小政府"的传统使其农村社区自治程度也是相对较高的。

从实现自治的方式上来说,美国、欧盟、韩国、巴西均是通过农村的社会组织来实现其自治的。美国主要是在农村社区有自治体,通过自治体来提供组织化的服务;欧盟主要是通过不同层级的农协来促进农民权益的实现和保障;巴西通过邻里组织和妇女组织来促进农村的自主治理;韩国通过农协来作为农民利益的代表,从而实现农村治理。

二、治理结构与主体的比较

治理结构与主体是直接影响治理绩效的重要因素。欧盟、美国、巴西、韩国在治理结构和主体上,既有共同点,也有差别。

从治理结构来看,欧盟是基于"区域—国家—社会—个人"的组织结构来开展农村治理的。

在区域层面,欧盟有洲际农协来代表欧盟国家农民利益与各国开展农业技术、农村管理等方面的交流。在国家层面,各国也有农协及农协在各州的分支机构来促进农村治理。

在社会与个人层面,欧盟国家人本主义色彩浓厚,企业、社会组织的人文关怀在农村治理中也体现得较多,比如鼓励企业及其全社会成员共同参与农村的环保保护等。美国的农村治理结构则是基于"小政府—大社会"的背景,农村社会治理中,社区自治体承担的治理更多一些,但是对于第三方组织提供的公共服务,政府会以补贴或购买其服务的方式来支持社会组织的行为。巴西因其城市化对农村秩序冲击较为严重,贫富差距较大,其乡村治理结构中,政府更多的是倾向于缩小贫富差距进而起到稳定社会秩序的作用,因此,在治理中,涉及公共品的提供时,政府承担的责任较多。韩国的农村治理结构中，政府一直发挥着主导作用，由于政府与企业关系的密切程度超过其他国家，因此，在承担农村治理方面，韩国的特色也体现在让企业承担行政强制性的社会责任，"公司+农户"共同致力于经济发展和农村稳定。

从治理主体来看，政府是各国农村治理的共同主体，巴西、欧盟、韩国均有农协作为社会组织来参与农村治理，同时，韩国和美国比较注重让企业以其承担社会责任的方式来参与农村治理，巴西和韩国比较注重农村妇女在农村社会治理上的特别优势。

三、治理对象与目标的比较

农村社会治理不同于城市治理，城市的治理，往往要治理的是"交通拥堵"等"城市病"，而农村作为城市化、工业化发展中资源的输送地，农村社会治理，从域外国家和地区来看，治理对象主要集中在：贫困（巴西）、城乡差距（韩国、巴西）、公共安全（美国）等。从农村治理目标来看，国内外这些国家农村治理所要实现的主要目标可以归纳为：社会公共品的充分有效供给、城乡的平衡、脱贫、社会安定有序，这些目标从法学角度来看，无非是要实现法的平等价值、人权价值、秩序价值，这些国家在实现这些价值目标中，因其国体、政体、国家现实国情、历史传统、人们的心理等因素的影响，各国所追求的价值顺序是不同的。

美国以社区自治体为基本治理形式的乡村自治模式中，其首要追求的是自由、人权、安全，因此在农村治理中，政府注重承担的是社会保障和公共服务的提供、公共安全的保障，对于基层自治是给予充分认可的。欧盟则因其人本关怀的传统较为悠久，合作社和农协在维护农民权益方面发挥了重要作用，他们在公共服务尤其是公共卫生服务方面投入较大，因此人权保障成为欧盟国家在乡村治理中优先考虑的价值目标。巴西贫富差距较大，因此引发的农村社会纠纷较多，政府在农村治理中更为注重民生的保障，通过扶贫减贫以确保人权价值目标的优先实现。而韩国作为东北亚国家，政府主导的色彩相对厚重，在新村运动中，无论是政府采取的宏观规划，抑或是强制企业下乡，目标重在优先实现农村经济的快速发展以确保农民的人权价值目标优先实现。

第三节 域外乡村治理模式的启示

一、自治与政府治理有机结合

如前文所述，无论是欧盟还是美国、巴西抑或是我们的邻国韩国，在乡村社会的治理上，他们共同之处在于非常注重政府主导下的多元共治。欧盟能够发挥政府基本作用的同时，充分调动跨国非营利组织、农民协会、第三方组成的"外行特别小组"、农村社区等不同主体致力于社会治理。美国早期更为重视基层社会组织的管理，后来也转向了政府介入、社会组织和企业积极参与、公民监督并参与的多元共治。

社会自治与政府治理有机结合是域外乡村治理取得突出成效的重要原因。

第四章　域外乡村治理模式及其经验借鉴

二、权力与权利边界清晰

在社会治理中，政府的作用不可或缺，社会组织、企业、公民等主体的参与是社会治理取得实效的有效保障。而政府的治理行为与社会主体（企业、社会组织、公民等）的行为之间既有相互合作、目标一致的一面，也会存在政府权力与社会主体的权利相冲突的一面，冲突的根源往往在于双方界限不清。而前文所提及的域外这些国家或地区治理成效突出，在这方面恰恰是实现了权力与权利边界清晰。以前文所提及的韩国乡村治理为例，他们在这方面是准确定位政府职能，充分保障村民的基本权利，从而实现了权力与权利的对立统一性。

（一）"政府的归政府"

韩国政府在农村治理方面，主要发挥的是规划、指导、协调作用。首先，在"新村运动"中，政府重视新农村建设的科学规划，在农村管理方面确立了长期规划，在农村建设内容上规划确定了基本内容，主要涉及有公共基础设施建设和基层自治组织建设等。其次，政府致力于协调不同部门、不同主体参与乡村治理。在新村建设中，韩国内务部起到了全面统筹规划作用，其他的教科文卫、财政等部门积极参与。再次，韩国政府致力于指导农村的社区建设。在社区建设宏观思路上，缩小社区，易达成共识，从而降低基层矛盾的发生，能够高效开展农村建设。在政府对农村的指导上，实行干部驻村制度，要求各级政务人员对相应区域新村建设经验进行总结，对问题要及时解决。[①]与此同时，韩国政府在行使权力时注重"权力克制"

[①] 吴新叶：《城市化进程中的农村社会管理研究》，上海世纪出版集团2014年8月版，第207-208页。

原则(也就是我们所说的"权力制约"或"权力受限"),在新村运动的推进中,政府注重建章立制、一切依法据规开展,政府行为必须以法律法规为限,制定了农村建设标准。

(二)"社会的归社会"

美国早期在农村地区主要是社会组织对农村的治理发挥着显著的主导作用,后来转向多元共治,但是并没有让政府过多介入社会自身的治理。巴西在农村治理中,也注重让"社会自己茁壮成长",鼓励邻里组织的成立并让其充分发挥基层自治作用。欧盟对于农村治理,以人本关怀为指导理念,充分调动多元主体的积极性,让农协在基层治理中充分发挥了其乡村治理、利益协调、代表农民进行交流的作用。社会组织及企业、村民的参与治理对于国家而言,大大降低了其在农村的社会治理成本,对于农村社会发展而言,也是减少社会矛盾、消弭社会矛盾的一种有效方法。"社会的归社会"有利于社会自身向一种更高文明程度发展,因为社会本来就有自己独立的领域,也有自身的发展规律,政府的过多介入只会妨碍其自身成长。而农村社会自治也是村民的一项基本权利,对于属于"社会的""自治事务"就应该交由社会自己来处理,这样的效果也会比纯粹强调国家治理的效果要好。同时,"社会的归社会"在一定程度上也对政府权力能够起到监督和约束作用。

(三)"权责明确"促治理

从域外这些国家或区域的治理经验来看,其成功之处不仅仅在于政府与社会的权力边界清晰,也在于政府部门之间能够"分工合作"的同时,实现"权责明确"。权责不清往往成为政府部门间相互推诿责任的根源，而域外这些国家具体经验在于：第一，有法律法规明确规定不同部门及其职责；第二，部分国家制定的有农村建设标准（韩国）；第三，注重权力与责任的相称，在农村治理中，政务部门的"权力之所在，即责任之所在"，比如德国关于环保方面的责任规定。

三、乡村公共品供给有保障

通观域外这些国家在农村社会治理上，普遍共性在于给乡村社会的公共品是有保障的。美国在社会管理支出中多达四分之三的财政收入，且用于农村社会的治理经费占据了财政收入总支出一半以上。欧盟国家政府在公共卫生领域的投入占其卫生总投入的70%以上。[1]巴西在农村治理上也投入较大，因其城市化率高达80%，但贫富差距较大，广大农村较为贫困，工人党实施过"家庭补助金"计划。而韩国新村运动中，除了政府大力投入农村基础设施建设以外，社会组织在韩国的资金支持、公共基础设施建设、生活设施方面也做出了较大贡献。这些公共品的有效供给对于农村社会之力而言奠定了基础。

（一）公共品的有效供给稳定了农村社会

农村的物质基础决定了农村社会的秩序状态。公共品的有效供给为农村社会稳定提供了物质基础。欧盟各国对农村公共卫生领域的高投入，充分彰显了人本主义精神，使得农村居

---

[1] 丁元竹：《关于建立和完善社会管理体制的若干思考》，载《江海学刊》2007年第5期。

民的公共卫生和医疗等领域的生活没有后顾之忧，在很大程度上促进了农村社会的稳定。巴西工党执政以后实施的扶贫、减贫项目使得贫困农民人口数量大幅减少，一定范围内缩小了贫富差距，也对社会安定起到了稳定器的作用。

（二）公共品的多元供给促进了农村和谐

"和谐"是在"和而不同"基础上实现的一种秩序状态，农村社会的和谐意味着不同主体之间达到了一种有序共存状态。域外这些国家公共品的供给，从其提供者来看，不仅仅有政府，也有社会组织，还有企业基于承担社会责任所提供的公共品，广大农村地区有多元主体提供的公共品，使得农村地区的社会矛盾得以减少，这也为农村地区的社会和谐提供了一定的前提。

（三）公共品的保障促进了社会公平

公共品的充分保障从一定程度上说是实现社会公平的一种有效途径。以贫富差距最为明显的巴西来说，国家在农村实施的民生政策，充分保障了农村的公共品，在一定程度上缩小了贫困的农民在物质上的"被剥夺"感，增强了其"获得感"。欧盟也是以其社会福利和社会保障来弥补城市化、工业化进程对农村的掠夺，维持了包括农民在内的社会成员所需要的基本物质生活，消除了社会不稳定的隐患。[①]

[①] 吴新叶：《城市化进程中的农村社会管理研究》，上海世纪出版集团2014年8月版，第195页。

第五章

法治中国进程中乡村秩序的重构

第一节 法治：自然演进与外力推动并行

如前所述，费孝通先生指出，在传统中国农村社会，存在着一种"礼治秩序"，奉行的是"无讼"观念，实施的是"长老统治"，道德与习俗是维系社会秩序的重要力量。而现代国家权力对广大农村地区的大规模扩张、现代法律的下乡，使得传统秩序面临危机。法治中国背景下的乡村秩序重构中，应高度重视法治秩序在乡村社会的逐步建构。如果说传统秩序的实质是伦理秩序，那么，现代秩序的实质则是法治秩序。[①]在乡村社会推进法治，应该注重将自然演进与政府推动并行开展，既不能放任乡村社会纯粹自发生长、无序治理，也不能推行政府全能主义，那样会压制社会的成长。只有国家保持适度的理性引导与管控，社会才会有活力，乡村社会的第三方组织才会逐步增多，从而促进村民自治，降低

---

① 郑杭生：《当代中国农村社会转型的实证研究》，中国人民大学出版社1996年版，第170页。

国家治理成本。

一、法治演进的不同模式之比较

（一）法治道路模式的种类

法治的内涵在中西方基本的共识是亚里士多德的法治论，即"良法得到遵守执行"，法治道路则因各国国体、政体、历史、文化、生活习惯、传统习俗、地理气候等诸多因素的影响在不同国家有不同的选择。法治的内核无外乎保障权利，限制权力，而这二者分属于不同主体，即国家（政府）与社会（公民）。因此，法治道路模式往往因为推动主体的不同而不同。[①]一般而言，法治道路发展模式依据推动法治的主体与动力的不同，可以划分为以下两种：

1.自然演进型法治化道路模式

这种模式也被称为"社会演进型"法治化道路模式，是指一国的法治化是在社会生活中自然形成和演变过来的，是社会自发形成的产物，是一种"内源"发展的类型。这种法治化道路模式的特点主要有：

第一，法治化动因的内源性，即在社会演进型法治化道路的发展模式下，法治化的直接动力主要来自市民社会而非政府和国家上层建筑，是商品经济逐步发展和民众法制意识逐步积累的产物，它是在自己内部资源的基础上演变进化而来

---

① 李晓：《中国法治道路模式的成因分析》，载《文化研究》2016年第1期。

第五章 法治中国进程中乡村秩序的重构

的,是一种在逐步积累的过程中自然形成的。

第二,法治化进程的进化性。即在社会演进型法治化道路的发展模式下,法治化的目标、步骤和程序上较少有"人为""预设"的痕迹,而主要体现为一种在不断否定和扬弃中螺旋上升的自然进化。

第三,法治化时间的漫长性。在社会演进型法治化道路的发展模式下,由于法治资源的产生、演变与进化以及民众法治意识的积累不可能一蹴而就,因此这种法治化需要一个相对漫长的过程。①

2.政府推进型法治化道路的发展模式

这种发展模式是指一国的法治化运动是在国家"上层建筑"的推进下启动和进行的,"政府"是法治化运动的主要动力,法治目标主要是在"政府"目标的指导下设计形成的,是"人为"建构的,法治化进程及其目标任务主要是借助和利用"政府"所掌握的本土政治资源来完成的。这里的"政府"是相对于"社会"而言的广义的"政府",它泛指"国家上层建筑",除了作为行政机关的狭义的政府外,还包括执政党机关、国家权力机关、司法机关等。之所以称为"政府推进型"法治化道路,是因为狭义的"政府"即行政机关,是执行、实施法律的主要机关,在推进社会法治化的历史进程中担负着重要任务,起着特殊的重要作用。②

---

① 李晓:《中国法治道路模式的成因分析》,载《文化研究》2016年第1期。
② 何勤华等:《法治的追求》,北京大学出版社2005年10月版,第11-12页。

(二) 法治道路模式的比较

自然演进型法治化道路与政府推进型法治化道路是两种法治生成模式,二者的区别主要体现在以下几个方面:

第一,推进主体和主导力量不同。自然演进型法治化道路的主要推动力量来自于社会,来自于民众的"自然"力量。政府推进型法治化道路的启动和主要动力在最初和相当长的一段时间内主要不是来自"社会"或"民间",而是来自国家上层建筑,国家和政府是法治化运动的主要领导者和推动者。

第二,社会基础不同。自然演进型法治化道路的形成中,市民社会相对成熟,商品经济相对发达,公民的理性化程度相对高。而政府推进型法治化道路的推进中,市民社会的成熟程度和商品经济发达程度相对低,社会的理性化程度相对低。

第三,法治生成中是否存在"人为""预设"不同。在自然演进型法治化道路的形成中,一切都是"自然""自发"的发生,不存在人为地预设一个明确的时间、明确的目标,而政府推进型法治化道路的推进中,政府主导着法治化进程,法治目标是非常明确和确定的,法治目标的实现也是按照预设的时间表来完成的。

第四,法治推进过程中是否存在"强制"色彩不同。在自然演进型法治化道路的形成中,由于这种模式本身就是社会主体自发"自然"进化的过程,在这个过程中,主体间往往坚守契约精神,不会存在高于"社会"这个主体的组织去强制推进。而政府推进型法治化道路的推进中,政府是主要推动力,政府往往会为了在预设期限内达到一定的目标就会采取强制措施来实现法治化目标。

第五,创新与借鉴法治文明成果的差异。政府推进型法治化道路的发展模式,更注重于对其他已经法治化国家的经验与成果加以借鉴,社会演进型法治化模式则更富于创新精神。[①]

第六,法治目标实现的速度与效率不同。政府推进型法治化道路的发展模式基于政府的强制力保障来推进,速度相对快,效率更高。社会演进型法治化道路的发展模式,由于是社会主体自发缓慢前进,所以推进速度相对慢,需要更为漫长的过程才能实现。

第七,政府与社会的力量在两种模式中不同。政府推进型法治化道路的发展模式必然有一个强大的政府,是"大政府,小社会"的情形,政府主导一切重大事务;而社会演进型法治化道路的发展模式中,社会、社会自治组织及公民的力量比较强大,是"小政府,大社会"的情形。

(三)我国法治道路选择的原因分析

我国之所以会走上一条政府推进渐进型法治道路,主要是由两大方面的原因所致:

1.市场经济的发展需要法治的支撑

市场经济是诚信经济,是法制经济,没有法治,市场经济就无法真正形成、发展。市场机制的运行需要法治的保障,它不是由外债的实体——国家来包办或强制推行,而是主

[①] 郭学德:《试论中国的"政府推进型"法治道路及其实践中存在的问题》,载《郑州大学学报》2001年第1期。

要由市场主体按照市场法则来自主运行。[①]市场经济要求一切扮演市场主体的角色必须享有其参与市场交易商品的无可争议的所有权和独立自主地处分其商品的权能，这必须有法治来保障主体独立参与市场竞争。市场经济本身强调公平竞争，是一种公平竞争的经济，但没有公正的法律来规范经济事务和经济行为是难以实现的，因为法治才是最强有力的后盾。市场经济本身也是高度复杂的经济，要想处理好经济事务，就必须有规则可遵循且严格遵守。

2.我国传统法治资源匮乏和时间紧迫促使政府来推动法治

我国传统社会法治资源稀缺，法治意识匮乏，法治力量脆弱，且国家权力发达，个人权利意识淡薄，传统法文化是以儒家主导、德主刑辅、等级秩序、宗法制度、义务意识、人治政治的法律传统，这种传统法文化与现代法治是不相容的。但是由于我国经济发展的需要，我国急需在短期内完成西方用上百年时间所实现的法治。基于经济与法治发展的不匹配，我国只能走上这条政府推进的渐进型法治道路，政府主要借助和利用政府所掌握的本土法治资源来完成法治化的目标，这样可以大大提高效率，可以让法治更快地向市场经济跟进。

（四）我国法治道路的若干反思

我国走政府推进型法治道路是历史与现实的必然选择，这种模式最大的优势在于可以节约时间成本，提高效率，但是也存在以下挑战：

---

① 何勤华：《法治的追求》，北京大学出版社2005年10月版，第13页。

第五章 法治中国进程中乡村秩序的重构

在理论上，"政府推进型法治道路"所需要的是"政府"权力不断扩大与"法治"目标所要求的对政府权力的有效制约之间存在矛盾。权力具有强制性、支配性、扩张性和任意性，而法治的关键就在于制约权力，限制权力的扩张与滥用。而政府推进型法治道路模式下，于社会、于公民而言，政府的权力很大，"大政府—小社会"的格局势必会促使政府在推进法治化的过程中权力的扩大。我国的法治化进程也不例外，国家权力制约是法治的现实需要，也是历史的必然，在政府推进型法治道路模式下，国家权力势必会无形中膨胀。国家权力的膨胀和集中，会助长对国家权力的过度依赖和迷信，削弱社会自主性力量，也必然导致对权力的外部监督乏力，这又是不符合法治内涵与要求的。因此，如何让政府起主导作用却又能够限制政府权力滥用就是一个重要的问题。

在法治推动主体上，政府推进型法治道路模式预设的前提是政府有强大权威来主导，政府是最主要的主体在推动法治建设，而"法治"所要求的最主要的是广大社会成员参与法治化进程，当政府主导的法治与民众在市场经济中所需要的法治不一致时，政府主导的法治也就失去了真正推动法治建设的主体，政府主导型法治就失去了真正的推动力。我们主张依法治国的主体是人民群众，但是人民群众若要真正参与立法、参与司法等必须通过人民代表来实现，由人民代表选举产生政府及其组成人员并通过授权方式赋予其职权，从而使政府获得包括推进法治建设等在内的所有政府工作应有的职权，在这一过程中，人民群众虽然成为依法治国的主体，而政府及其工作人员实际成为了依法治国的"次主体"——成为了法治建设的主要推动力量，广大群众则成为被法治化的对象。

政府推进型法治道路模式潜在的矛盾还体现在：1.随着法治化进程的不断推进，我国政府最初基于内外经济发展压力的减小，有可能导致"政府"推进动力的衰减和停滞不前。2.政府自身不合理的加之偏好对法治化进程和方向可能产生不良影响，此前我国政府拒绝谈"人权""权力制约与监督"等，认为这些都是西方资本主义国家的，3.政府推进型法治道路对法治目标、法治进程的主观预设和急促推进与社会生活客观需要之间可能脱节的矛盾。4.政府推进型法治道路缺乏可供借鉴的现实资源与成功典范。

二、乡村秩序重构中的法治

近年来我国乡村社会的发展过程中，国家在宏观层面提出了不同的政策，这对乡村治理也产生了不同的影响与导向。从"城镇化建设"到"城乡一体化建设"再到"新型城镇化建设"再到"美丽乡村建设"和2016年兴起的"特色小镇建设"（主张"千企千镇"），这些转变是我国根据农村实践而不断调整政策的结果。乡村秩序的重构中，我们不能忽视法治中国建设的大背景，不能忽略法治化的发展趋势。基于乡村社会转型乃是我国整个社会转型的缩影，基于传统中国是农业大国与封建专制国家的现实，也基于传统对现代的影响不可避免，在当前重构乡村社会秩序中，法治目标的推进应该是自然演进与外力推动的共同作用，而非纯粹走政府主导的压力型推动模式。

（一）乡村秩序重构中的法治不能忽视自然演进的规律

在法治的推动中既有自然演进型，也有政府外力推动型，两者相比无所谓优劣，但是自然演进型法治更加符合法治发展与成长的需求，任何国家的法治推进都不可能绝对地走自然演进型道路或者绝对走纯粹的政府主导压力型法治道路，而是以其中之一为主导力量，以另外一种为辅助。法治意味着良法得到普遍遵从，而普遍遵从的前提是民众对良法的认知与认可，若要得到普遍的认同，就需要法本身是良法，且良法从其产生到内容到实施都必须具有合理性，方能得到普遍认可与遵从。法治的自然演进意味着：道路漫长，所需时间较长；要有市民社会的基础；民主政治、市场经济、理性文化、民众普遍具备守法心理等。当法治建构的国家基础、社会基础、政治基础、经济基础等都逐步具备时，法治的缓慢演进就会达到预期的秩序。但是为了加快法治建设的进程，基于我国的现状，在遵从法治演进规律的前提下，以自然演进为主导，政府适度推动下的法治建设会实现"效率"的价值目标。

（二）乡村秩序重构中的法治不能没有政府的主导

在我国法治进程中不能忽视法治建设一直以来都是政府主导推动下的，政府此前一贯以"全能政府"面孔出现，使得整个社会及其民众习惯了在政府"家长制"的管控、引导下来推进社会发展，国家治理的职责全权落在政府手中。没有政府强有力的管控与引导，社会就会迷失方向，人们就会没有安全感。也正是因为在这样一种背景下来重构乡村秩序，推进法治建设，必须对民众的心理惯性予以关怀。此前全能政府充分发挥其管控作用，使得政府之外的社会组织等无以发展，社会空间与国家空间基本重合，这就使得乡村秩序中除了由政府主导来建构维护，别无其他主体。民众对政府管控的高度依赖，对自治的缺乏，使得当前乡村秩序重构中的法治推进不能没有政府的主导。

三、乡村秩序重构中法治的推进

（一）尊重本土资源与吸纳西方法治文明并重

在乡村秩序重构中我们不能否定西方法治文明，也不能彻底摒弃本土的治理资源，西方未必代表了现代性和先进性，本土的未必代表了传统与落后。正确的态度是我们在尊重本土治理资源的前提下，吸收适合本土的西方法治文明。

在我国乡村社会治理过程中，我们必须充分吸取和继承传统社会治理中的积极因素。这些积极因素主要有家庭伦理、本土习俗、社会公德、公共秩序（或称公序良俗）等，也正是因为这些本土资源对人们行为的约束力，降低了法治执行的社会成本。因此，在乡村秩序重构中，推进法治，尤其要注意在尊重本土资源的前提下吸纳西方法治文明成果，不能一味地机械执法，没有伦理底线的法难以得到民众的信守，更不会得到执行。

（二）民间习俗与国家法并行不悖

在我国乡村社会，村民世代沿袭的内在行为逻辑不仅仅有普遍性的道德规范，也有适合于当地的各种民间习惯法，这些习惯法在法治中国的建设中也是不容忽视的。民间习惯法主要是指"这样一种知识传统,它生于民间,出于习惯乃由乡民长期生活、劳作、交往和利益冲突中显现,因而具有自发性和丰富的地方色彩"。因为这些习惯法已经成为当地人约束自我的一种潜在的却无时无刻不发生作用的规范,这些规则的存在既有社会基础,也有心理基础,还有人文基础,充分发挥这些习惯法中符合国家法的那部分规则的作用,可以降低很多执法成本。国家法在乡村社会的推进中也是必要的,它的传播不仅仅意在解决纠纷,更在于权力下沉,要彰显国家权力在乡村的存在,且这种存在是带有国家权威性的。因此,乡村秩序重构中法治的推进,需要让民间习惯法与国家法并行不悖,互为补充,共同促进乡村法治秩序的实现。

(三)广大民众、社会组织与政府均是法治的推动主体

法治建设的主体不仅仅是政府,更应该是广大民众与社会组织。法治对于政府而言,意味着政府需要依法执政,权力制约,政府是有限政府、诚信政府等,对于公民而言,意味着公民权利得到保障,公民需要有权利意识、法律意识等,对于社会组织而言,法治意味着社会组织变得发达且较为活跃,能够承担起一部分公共职责。在乡村社会,尤其是当下转型期推进法治,必须高度重视广大民众在法治建设中的主体作用,重视社会组织(村民自治组织)的民主价值,重视政府作为公权力一方的服务作用。要让乡村社会的广大民众、社会组织和乡镇政府充分正确地履行各自在法治建构中的职责,共同致力于乡村秩序的实现。

（四）法治思维与法治方式要逐渐成为常态

党的十八大报告中指出"提高领导干部运用法治思维和法治方式深化改革、推动发展、化解矛盾、维护稳定能力"。法治思维是法治理念主导下的思维，这种思维中法治起着价值评判标准的作用，这种思维意味着法治在全社会占据重要地位，无论是领导干部还是普通公民都能够积极主动运用法律来指引、评价、预测自己的行为，并且对于违法行为能够运用法律来教育、制裁违法者。法治思维与法治方式，不仅仅是专家学者教授等可以培养的，也是全社会成员都应该积极培养的思维方式和行动方式。法治思维是一种理性思维，法治思维中法治占有重要地位，必须以法治为前提。国家提出领导干部要以法治思维和法治方式来解决问题意义重大，法治思维对于构建法治国家而言，它是灵魂，是软件中的核心要素；对于广大民众而言，有利于守法和法律信仰的形成；对于执法者而言，有利于依法行政，减少徇私枉法；对于司法者而言，有利于公正司法，增强司法权威性。

对于广大农村地区而言，无论是乡镇政府的领导干部，还是村委会及村党组织的干部，自党的十八大以来都高度重视依法执政、依法办事，凡事要求于法有据。从乡村的实践来看，村务公开已经普遍推行，"阳光乡镇"政府建设也在不断推进。在全面推进依法治国的背景下，法治国家、法治政府、法治社会的一体化建设在乡村社会也日益得到重视，法治思维与法治方式逐渐成为社会主体共同的思维方式和行动准则，且这种方式将因为社会环境及法治机制的完善而成为未来的一种常态。

乡村秩序重构中的法治，意味着不仅仅是政府权力的法治化，也要求乡村社会治理的法治化。法治化的乡村治理既需要约束政府行为，也需要规范社会行为。一方面，政府权力法治化要求乡政府推出经营性和竞争性领域，不要发挥资源配置的基础性或决定性作用，涉及行政权的法治化、公共财政建设、基本公共服务等内容。[①]另一方面，要以法治来规范乡村社会不同主体的行为，调节社会利益关系，要将社会组织的行为制度化、规范化、程序化、法治化。

第二节 权利：权利保障与权力制约并存

法治中国进程中乡村秩序的重构离不开"权利"这个价值的实现，乡村社会是以农民为主要群体的社会，农民权利的充分保障对于调动农民生产积极性、稳定农村社会秩序、确保国家粮食安全意义重大。农民的权利中不仅仅要充分保障其财产性权利，还要充分保障农民的民主政治权利。以财产性权利为例，正是因为乡村社会近年来大面积拆迁重建，在新农村建设过程中，国家为了确保基层公共服务和公共资源的最大化有效利用，各种移民小区建设使得农村变了天地、换了新模样。然而在拆迁过程中发生的各种群体性事件都充分说明土地

---

① 胡旭晟：《我们为什么需要法治——与民众一道思考》，载《清华法治论衡》第三辑，清华大学出版社2002年版。

对于农民而言意义重大,推进土地改革保障农民的财产权利对于乡村社会秩序的和谐稳定十分重要。乡村秩序重构中保障农村权利要与限制政府权力并行,二者不可偏颇。过度重视政府权力,忽略农民权利就会使得农村社会变成一潭死水,难以发展。权利时代的来临,广大农民权利意识逐渐觉醒,在乡村社会中也要防止部分人以"法治之名"行"地痞恶霸"之实。

一、权利保障在乡村社会的内涵及举措

(一)保障财产权利,推进土地改革

"有恒产者有恒心",乡村秩序稳定之前提是稳定农村财产关系,对于农民而言,最宝贵的财产是土地。国家的土地政策是直接影响农村稳定的主导因素。因此,今后需要:第一,加快农村土地制度的改革,加快做好农民承包地的相关登记、确权和颁证等工作,严格明确承包、发包和流转主体之间的权益关系。第二,不断加强土地产权的管理和保护,明确土地用途管制和执行,奉行"一户一宅"原则,正确处理好集体与社员,集体与邻里相互间的产权关系。[①]第三,对于土地流转制度,要因地制宜,实现土地价值的最大化,从而确保农民应有的收益。

(二)不断拓宽并保障农民的民主政治权利

村民的民主权利,最基本的就是村民自治制度中的民主

---

① 周庆智:《县政治理——权威、资源、秩序》,中国社会科学出版社2014年10月版,第310页。

第五章　法治中国进程中乡村秩序的重构

参与、民主管理、民主监督等权利。村民自治制度中的民主权利，首先表现在村民的直接参与性的问题上。村务活动中很多内容都涉及村民的具体利益，如果村民没有权利参与民主监督，那么村民的民主权利就是一纸空文；村民参政议政的积极性就会受到影响；村民的民主选举、民主决策和民主管理过程就会缺乏监督。[①]其次，应该实现村民的民主管理，要发动和依靠村民，通过制定村民自治章程等规章制度，规范和约束村民的权利和义务行为，共同管理村内各种事务，维护村内正常秩序，实现村民的自我管理、自我教育和自我约束。[②]

（三）优化农村公共服务产品的供给

农村公共服务产品的供给与农村的社会保障一样重要，也是农民基本权利保障的内容。蔡汉平在《走向死亡的故乡》中指出，当下农村赌博盛行、虚荣攀比严重、环境污染严重、再无耕读传家、土地荒芜、老一辈日渐凋零。出现这些现象的根源在于公共服务产品供给存在问题。城乡之间公共服务产品供给、不同地域的乡村社会公共服务产品的供给都存在差异性，农村地区由于人口多、面积大，长期为城市化和工业化提供了有效供给，自身出现了积贫积弱的现象，其环境、公共卫生、教育医疗、社会保障等公共服务的需求量也大。

为优化农村公共服务产品供给，今后应该着眼于：第

---

① 祁勇、赵德兴：《中国乡村治理模式研究》，山东人民出版社2014年版，第120页。

② 赵一红：《中国村民自治制度中自制规章与国家法律关系研究》，中国社会科学出版社2008年版，第114页。

一,从总量上加大对农村公共服务产品的有效供给,真正让"城市反哺农村""工业反哺农业";第二,优化公共服务产品的供给,对于不同区域既要因地制宜地实施一些制度供给和物质保障,也要确保不同区域享受国家公共服务产品的权利的平等性;第三,要强化法治为主的制度对公共服务产品供给的有效监督与保障,实施精准服务、精准扶贫,对于借公共服务下乡进村过程中权力寻租进行贪腐的行为要依法严惩。

(四)确保文化等权利的平等性

乡村秩序的重构离不开乡村文化的繁荣与复兴,在法治中国建设中不能忽视文化建设和文化权利的保障。文化是一个地方独有的灵魂,乡村治理应该充分保障公民在享受文化产品、文娱设施、图书馆等公共资源方面的平等权,唯有如此,才能解决城乡差异。

二、权力制约在乡村社会的内涵与举措

(一)政府角色要从家长转变为服务员

乡村秩序的重构中离不开政府,但是并不意味着法治中国建设中政府可以一家来唱独角戏。法治中国建设更多地意味着政府要依法行政,政府权力要受到严格的约束与管控。政府应该成为诸多治理主体中的服务员而非家长,唯有政府退出一定的空间,社会才有成长的空间,乡村社会才会呈现出发展活力。

(二)成立两委之外的基层组织以促权力制衡

目前农村地区的治理名义上是由乡镇政府发挥主导作用,实际权力运行由村党组织和村委发挥重要作用。而控制政

府权力的有效力量就是社会自治共同体的发达和强有力,如此,才能在权利和义务、责任的前提下,共建一个多元治理的乡村环境。农村地区社会组织的培育增加了社会治理的主体,可以转变政府职能,降低了社会治理成本,是社会治理创新的重要方式,也是实现民主治理的手段。以台湾地区为例,早期有农会,而今有社区发展协会,这些自治组织目的都在于改善农村生活环境质量、维护农村文化资源,在广大农村地区的公共治理与社会秩序的维持上发挥了重要作用。

(三)实现"阳光村务",加强农民对基层政务的监督

实行村务公开制度是加强农民对基层政务监督的有效途径。村务公开是村民委员会把涉及村民利益和村民关注的事项定期及时向村民公布,自觉接受村民的监督。

第三节 秩序:本土传统与现代化的冲突与融合

国家治理需要现代化,乡村治理需要走向制度化、法治化,但是乡村秩序重构是否意味着要彻底否定本土的传统、一味迎合现代化呢?如果说广大农村地区本土的治理模式、解纷机制等是特定地域的一种传统,那么在传统遇见信息化、现代化、国际化、法治化趋势与潮流的冲击时,是否必然要被彻底湮没在历史的长河中呢?不可否认近些年来我国农村地区在现代化的浪潮中遇到很多新机遇与挑战。如何看待传统与现代的冲突、融合与演进呢?在法治中国建设中乡村秩序的重构需要我们正确看待本土的传统与现代的冲突,历史在冲突与融合中

推向前方,秩序在传统与现代的冲突中逐渐形成。

社会主义市场经济建设的目标是要实现现代化,新中国成立后,我国先后提出了四大现代化,即农业、工业、国防和科技的现代化。要实现农业现代化,关键因素是乡村治理。

一、乡村社会传统秩序需要甄别后有选择地恢复

(一)以"新乡贤"取代传统"乡绅",实现权力与权利的平衡协调

我国古代的乡绅是区别于乡贤也区别于当代的"新乡贤"概念。"绅"即官员,"乡绅"是从皇权结构中回到以宗族伦理为基础的乡土社会的官员,"乡绅"群体在古代中国被称为"士绅阶层",而传统中国的治理可以概括为"国权不下县,县下唯宗族,宗族皆自治,自治靠伦理,伦理造乡绅"[①],因此,他们在维护传统中国的乡村社会礼治秩序上发挥着重要的作用。"乡贤"则是乡土中国背景下"生于斯,长于斯"的"贤达之士",是"乡绅"与"乡土社会"结合后的一种特殊存在,是乡土中国基层治理中政府与民间的黏合剂或者称为缓冲带。"新乡贤"是区别于传统"乡绅"的,不存在阶级色彩,更多体现的是社会主义新时期新的精神文化面貌下的在政治、经济、文化等不同领域发挥引领作用的群体。他们在维护乡村社会秩序上也有着不可替代的作用。基于在乡土社

---

① 赵一红:《中国村民自治制度中自制规章与国家法律关系研究》,中国社会科学出版社2008年版,第113-114页。

会的影响力，能够期待风尚引领、模范带头、与政府沟通协调之功效，新时期，应该充分发挥新乡贤的作用，调动起积极性，在涉及乡村社会重要利益方面，应尽可能让"新乡贤"发挥其作用。

"新乡贤"发挥作用的着力方向在于：1.发挥"乡贤"的维护伦理秩序之基本作用，小事不出村，以新乡贤的调解或正面引领作用维护基层秩序；2.发挥"新乡贤"的权力监督作用，"新乡贤"往往是在当地政治、经济、文化等领域有一定话语权的群体，政府应该重视这个群体，在涉农利益问题上应该邀请他们旁听并参与决策咨询等，以此监督政府权力的滥用；3.发挥"新乡贤"的权利表达作用，"新乡贤"正是因其在某一方面做得更出色，也就能更明确感知到政府行为对公民权利的影响，因此，应该发挥其权利表达的作用，为村民公共利益发出应有的呼声。

（二）以良好家风和乡规民约为基础，重视传统德治的现代价值

"家是最小国，国是千万家"，家庭是社会最小的细胞，当家庭和谐和睦，良好家风代代相传时，乡村社会的秩序就会呈现有序状态。传统中国的乡村社会，有"耕读传家""忠厚传家久，诗书济世长"等优良传统，这些对于稳定乡村秩序、培养"乡绅"意义重大。"乡规民约"基于是乡村社会自身在其秩序维持中而产生的规则，有着坚实的民意基础，又有着实践的惯性，因此在乡村社会是国家法之外对民众而言最有约束力的规则。对于一些不违背当下我国法律法规和公序良俗的乡规民约，应该重视其在乡村社会依旧存在的秩序维持之作用。传统的"乡土中国"是熟人社会，道德对人的约束力很强，而今已经是半熟人乃至陌生人的"城乡中国"，除了法对人有强制性约束力，道德依旧发挥着重要的规则作用，传统中国重视德治的教化作用，确实对于乡村礼治秩序的维护起到了很好的作用，而今，社会主义文明新风尚中道德也是最为基本的一种规则，我们应该充分重视德治在乡村社会的作用，要让德治与法治有机结合，共促乡村秩序的形成。

（三）重视乡村社会传统文化资源，创新社会治理机制

传统中国的乡村社会有很多文化资源，对于当下乡村社会治理依旧有着重要的借鉴价值，在乡村秩序重构中，既要尊重当下现代文明发展趋势，也要重视传统文化资源对农村秩序的涵养作用。概括而言，传统文化资源中，除了前文所提及的"乡绅""乡规民约"之外，从个人的修为到社会秩序乃至家国天下还有相关资源可供汲取：1.儒家主张的与人为善、和而不同、修身齐家治国平天下的内在逻辑思想等；2.对于统治者提出的"爱民""仁政"以及注重官德修养的思想；3.对于社会行为上提出的"勿以善小而不为，勿以恶小而为之"的个人修为，"天下兴亡、匹夫有责""先天下之忧而忧，后天下之乐而乐"的"天下观"；4.朴素的辩证法思想中也有可汲取之处，比如顺应时序、尊重自然规律的"道法自然"观念。以上这些传统文化资源对于今天的乡村秩序依旧有重要价值，要高度重视这些资源，充分利用本土的治理资源，以促进社会治理机制的创新与多元化。

第五章 法治中国进程中乡村秩序的重构

二、不适宜乡村的东西不宜强行推进

乡土中国向城乡中国的转变体现的不仅仅是生产力和生产关系的改变，其随之而来的也是社会治理方式的转变。在我国农村的现代化进程中，不宜在乡村强行推行的东西若过度推进，会适得其反。

（一）法律是一种既存之秩序，以习惯促和谐

当下我国处于社会转型期，秩序是转型所追求的价值目标，也是社会转型所需要的条件。而社会转型期也是最易失序的，法国迪尔凯姆的"失范理论"和美国库兹涅茨的"倒U"理论均可以对此做诠释。迪尔凯姆认为，在社会转型期，新旧规则发生作用的快慢不同，新规范发生作用快于旧规范失去作用的速度，速度差中出现了"规范真空"，因"社会失范"导致了社会失序的发生。库兹涅茨认为，社会的贫富差距一般会随着市场化改革的推进而日趋扩大，同时也会随着市场化改革的完成而逐渐回小，这种回小是政府调控等因素作用的结果。[1]

从法律与习惯之关系来看，法律其实是一种既存之秩序，是对既存习惯的国家选择性认可。在乡村社会尤其如此。我国法律法规所认可的习惯内容广泛，主要有丧葬习惯、宗教习惯、生活习惯、婚姻习惯、民族习惯、继承习惯、商事习惯、家庭习惯等。

---

[1] 秦晖：《传统中华帝国的乡村基层控制：汉唐间的乡村组织》，黄宗智主编《中国乡村研究》（第一辑），商务印书馆2003年版，第3页。

和谐秩序的生成，不仅仅需要国家法为主导的"法治"，也需要"习惯法"这种"活法"充分发挥作用。而法治，不仅仅是国家权力和国家法之治，社会权力推动的习惯法与国家权力主导的制定法一样，是社会秩序的塑造者。在法治主义的未来发展中，制定法和习惯法价值取向基本上温和，它们发展方向是相同的，都是和谐社会法治秩序建构的承担者。因此，制定法与习惯法将在和谐社会法治秩序建构进程中逐渐融合。①

当法律与习惯在执法中发生冲突时，是否应该强行推行法律呢？法律是理性逻辑与经验的总结并不意味着法律仅仅是机械化的、冷冰冰的。法律的生命在于实施，而法律实施的实效取决于法律本身是否有执行的良好规则基础与民意基础。基于此，当"山东辱母杀人案"发生时，民间"伦理法"促使于欢刺死对方，山东聊城法院判决于欢"无期徒刑"之所以引来社会各界的质疑和热议，也是因为其机械执法，不顾及法律承担的维护公平正义、维护社会伦理秩序之价值。

（二）现代化不是纯粹的城市化、工业化，要以民主促进步

现代化的内涵很丰富，其中城市化、工业化是重要内容，但并不意味着现代化就纯粹是城市化和工业化，如果把现代化的内容分为有形的物质层面和无形的精神层面的话，那么城市化和工业化是看得见的物质层面，其真正的灵魂层面则是城市化和工业化背后所带来的理念与价值上的民主化、多元化。乡

---

① 刘祖云：《中国社会发展三论：转型·分化·和谐》，社会科学文献出版社，2007年8月版，第189页。

村社会传统气息更为浓厚,在从"乡土中国"向"城乡中国"转型的过程中,不仅仅要有新型城镇化建设、工业园区建设,更需要基层民主制度走进乡村社会。乡村社会观念的"乡土性"与物质层面的"城市化"之间的脱节最明显的体现就是人们常说的农村"土豪"或"暴发户"现象,而这种落后的小农意识阻碍了乡村资本的发展及进一步发展,使得农村发展面临很多畸形,比如物质的日渐丰富与精神的高度贫乏、竭泽而渔带来的物质丰富而生态恶化等。因此,在乡村秩序重构中,除了推进城镇化、工业化,更应该推进民主制度化、规范化。

(三)法治化不是否定其他规则,要以法治保秩序

秩序意味着和谐安宁,意味着有序状态的存在,而法治是促进秩序形成的一种国家规则。乡村秩序的形成,离不开法治的保障,尤其是从"乡土中国"向"城乡中国"转变过程中,法治相较于其他规则,是一种较为有效的治理规则。乡村治理的法治化并不意味着要否定其他规则,秩序背后是不同权力、利益、权利及其相互之间的冲突与平衡,这就要求法治与其他规则之间要实现多元治理的和谐一致。在一个复杂多元社会中,多元规范或多元秩序是客观存在的基本事实,即使是在当代最发达国家,除了国家制定的法之外,也还有大量的非正式法在社会中发挥着作用。当代我国法治建设的渐进性、艰巨性,农村社会的多元复杂性,城乡发展的不平衡性,都决定了国家制定法与非正式法之间的冲突融合长期存在。在转型关键期,社会矛盾尖锐化的情况下,国家正式法作为主导,其他规则辅助,以此治理格局来促进乡村秩序的重构意义重大而可行。

第四节 平等：城市与乡村权利平等

平等是法的基本价值之一，法律面前人人平等是我国宪法所确立的一项基本原则。乡村秩序重构中不容忽视平等价值的实现。由于此前的城乡二元结构的影响，直至今日，城乡之间差别很大，经济发展很不平衡，带来的权利方面的影响也是较为突出的。

一、实现城乡公共服务的基本平等

无论是新农村建设还是城镇化建设，在法治中国进程中要重构乡村秩序，不可回避的是要实现城乡资源与公共服务的基本平等，唯有如此，才能确保法的价值——平等在农村与城市的实现。具体而言：

第一，要加快建成城乡之间平等的资源要素交换制度。要想改善乡村治理的难度就需要彻底地改变传统的农村土地、资本和劳动力等生产要素之间的发展模式，实现城市资金、人才、技术等现代化的生产要素向农村的合理流动，不断实现城乡要素的对等转换。①

第二，城乡公共服务资源进行合理配置。对于农村公共管理和服务机构进行重新布局，避免过快地撤销乡镇以及行政

---

① 高其才：《当代中国法律对习惯的认可研究》，法律出版社2013年10月版，第36—37页。

第五章 法治中国进程中乡村秩序的重构

村,不然会给农民的生产生活带来不利影响。另外,政府还需要将职能向乡村进行延伸扩展,以此来加大在农村进行公共服务和资源配置的力度。①

第三,加快建成城乡一体化的公共服务体制,尽快地弥补严重影响社会公平和稳定的城乡公共物品供给之间的巨大差距,这是让广大农民能够享受到均等化的公共服务的关键。统筹城乡发展就需要以科学发展观为指导,特别是要以公共服务体制改革创新为基础,建设社会主义新农村。农村的基础设施建设和信息服务、义务教育、公共医疗以及其他公共服务,当然还包括民权类的公共服务,比如法律援助和财产保护。在以后的发展中,为了缓解不断扩大的城乡差距,就必须通过为广大农民提供基本有保障的公共物品来不断探索在市场经济条件下实现城乡协调发展的新路子。②

第四,不断完善公共服务供给的监督机制。城乡公共服务的均等化一直以来是学界的呼声,是政府努力的方向,我国在农村公共服务的供给上也做出了很多努力,实施了向农村倾斜的很多政策,比如退耕还林,国家给予补贴,比如"村村通"工程(每村之间修建水泥路)。然而由于缺乏监督机制,国家专项扶植资金在使用中出现了截留或挪用等现象,这些现象不但没有实现其初衷,反而激发农民对村干部、乡镇政

---

① 祁勇、赵德兴:《中国乡村治理模式研究》,山东人民出版社2014年12月版,第120页。

② 祁勇、赵德兴:《中国乡村治理模式研究》,山东人民出版社2014年12月版,第121页。

府工作人员等群体的不满,带来一些次生矛盾。

第五,对于城镇化进程中,户口城镇化了,待遇尚未居民化的,要提供城乡流动人口社会服务。以陕西省为例,近年来的改革使得很多农民户口已经转为非农户口,但是与其相关的教育、医疗、社保等尚未获得与原城市居民同等待遇。基于此,今后对于此类现象应该提供更多城乡流动的机会与保障。

二、实现城乡民主权利的平等

城乡之间的差异性使得发展不平衡,村民与居民所享有的权利层面也有很多差异。尽管这些年,在城乡之间,国家做了很多改革,比如2006年彻底取消农业税,实现了城乡居民的税赋平等;针对小学生而实施的"阳光早餐"工程,实现了城乡学生所享受的物质层面的平等;在广大农村地区开始实施社保、低保、五保等政策,很大程度上是实现了城乡居民在社会保障权利方面的基本平等;修改完善了选举法,使得城乡居民在选举权上有了基本的平等。

但是由于城乡之间此前的二元结构带来的差异悬殊,在国家推进城镇化、新型城镇化、城乡一体化等进程中依旧有很多方面难以保障城乡居民民主权利的平等。

法治中国意味着权利时代的到来,民主权利是公民基本权利之一,在乡村秩序的重构中要实现城乡民主权利的平等,应该着眼于:第一,真正让农村村民行使选举权,确保选举权行使得认真而有效;第二,注重农村地区村民的基本人权保障，对于卫生、医疗、文娱等方面，政府应该给予更多的政策照顾，以此尽可能平衡城乡之间的差别；第三，应该鼓励城市相对成熟发达的社团组织走入乡村，也鼓励乡村村民创办社团组织，以实现城乡互动和自治意识的觉醒。

三、实现城乡之间制度的平等

城乡之间平等权的实现需要树立平等意识，更需要有国家的制度保障。以选举权为例，此前农村人口八亿多时，我国法律规定的城乡人大代表的名额是按照1：4，后来随着城乡人口的变动以及人们平等的呼声增大，修改完善了选举法，实现了城乡选举权的平等。制度的平等是更为恒久的，也是更为坚定的一种保障，乡村治理中要重构平等的乡村秩序，就需要为城乡之间设计平等的制度。

法治中国背景下的乡村治理，要实现制度平等，主要可以从以下几个方面努力：（一）法制与法治在城乡之间的平等。此前云南发生的乡村小学生因校车车祸赔偿案中，很多人都认为法官判决的"同命不同价"是不平等的，从制度设计上，我们应该尽可能设计出平等的制度，这是实现制度平等的前提。（二）在制度的执行中也要实现平等。同样的制度若在执行中过多地给予执行者裁量权，那么公正的制度可能会带来不公的结果。（三）制度的适用主体上也要实现平等。制度之所以存在权威性并非因其制定机关的权威，更重要的在于它具有固定性，因此，制度的适用要不因领导人的变化而变化，不要因适用者不同而不同。

结论：
法治中国背景下乡村治理正在转型

一、农耕文明对乡村治理的影响短期内不会彻底消除

传统法律的控制植根于中华民族的心理底层，它控制着新法体系的建立、运作和改革，"使法律在社会实现过程中向既往的历史回复"。[①]历史法学派的萨维尼曾说过，法律是一个民族、一个国家所特有的语言，它是一个民族共同信仰和同族意识的产物。在复杂的社会生活中，这些法律规范被寓于普遍的信仰之中，成为一个民族内部赖以发展的力量。[②]美国实用主义法学家霍姆斯同样认为，无论法律是什么样的，也无论什么时代的法律，它的运作基本上取决于人们的理解程度。然而，它究竟在多大程度上能够实现其所追求的效果，则几乎由它所植根的传统决定。我国自古就是农业大国，农村是我国社会的基本组织形态，农民是我国公民最重要的组成部分。

---

① 王海涛、崔荣军：《农耕文明的变迁与中国法治之路》，《山东农业大学学报（社会科学版）》，2003年3月。
② [德]弗里德里希·卡尔·冯·萨维尼著，许章润译：《论当代立法和法理学的使命》，中国法制出版社2001年版。

面对一个幅员辽阔、人口众多、多民族、多宗教的大国，如何建立和完善一个庞大的综合法治系统成为目前依法治国，建设具有中国特色的社会主义法治国家亟待解决的问题。那么，如何在现代法治的语境中实现我国的乡村治理成为解决上述问题的重中之重。在我国近五千年的农耕文明历史的发展进程中，人们依附于集体而生存发展，缺乏足够的独立性和个性。因此，他们缺少现代法治中的人本主义精神。在长期的集体劳作中，农耕文明更加注重义务的履行而很少强调权利的享有，这与现代法治中权利本位意识相悖。由于农耕文明的生产模式和生活方式，使得农耕文明具有相对保守性和封闭性，这就是我国几千年来所形成的"熟人社会"的根源所在。在"熟人社会"中，人们解决纠纷更加依赖于彼此墨守的习惯、习俗和个人威望。而这样的社会更容易形成一元价值观评判体系，与现代法治的多元价值观念相互矛盾。[1]同样，农耕文明造就了人们"崇上"和"从上"的心理特质，与现代法治的权力制衡原则相互冲突。而这些特质在当下的农村社会中依然占据主导地位，它们在短时期内难以消除。这也是我国在实行依法治国，建设法治国家、法治政府和法治社会过程中遇到的障碍之一。但是，在依法治国不断深化和发展的过程中，乡村治理正在朝着法治化、制度化方向转型。

---

[1] 谷显明：《农耕文明裂变下的乡村伦理叙事》，《中国文学研究》，2016年第2期。

二、乡村治理的法治化、制度化转型在悄然发生

随着法律全球化发展和互联网时代的到来，资本、市场、人员的自由流动和配置达到了空前繁荣的局面。这就必然决定了我国农村社会发展的两个必然的趋势：一是，农村人口向城市流动，城市化进一步发展，农村人口进一步缩减。涌入城市的农村人口会受到法治程度较高的生活方式和思想观念的影响，潜移默化地改变原有农耕文明所固有的观念和思想。二是，农村原有的生产模式、生活方式和思想观念遭受到重大冲击。[①]这使得原有农耕文明失去了原来赖以生存的土壤，其瓦解速度将会加快，逐渐被现代生活方式和法治观念所取代。这是社会发展的必然结果，也是历史发展的趋势。

我国乡村治理的法治化发展应当以适应农村的经济组织形式和经济发展方式为依据，以村民自治组织为基本形式，同时注重我国不同地域和不同民族之间的个性和差异。[②]实际上，我国乡村治理正在逐步朝着法治化、制度化的方向发展。具体表现为：

第一，目前，我国加快农村产业结构调整，逐步建立相对独立的农村生产体系，不断进行农业产业化升级和转型。努力改变单一制生产模式，针对不同情况做出因地制宜的法律法规和政策。在进一步加强农村发展的积极性和主动性的同

---

① 李松玉：《当代中国乡村社会治理的制度化转型》，《东岳论丛》，2013年2月。
② 熊烨、凌宁：《乡村治理秩序的困境与重构》，《重庆社会科学》，2014年第6期。

时，不断增强农村的自主创新力和开放性。

第二，不断加强正式制度和法律意识的渗透。随着农村经济体制的改革，传统农耕文明赖以生存的土壤正在日益锐减。伴随着国家正式制度的不断输入，原有的建立在宗法等级和血缘关系基础之上的观念、习惯、风俗和其他非正式制度在农村社会生活中所发挥的作用逐渐被取而代之。国家正式制度在农村社会正在发挥着日益重要的作用，这就意味着人们法律意识的觉醒。人们法律意识的树立和逐渐加强的过程就是我国乡村治理不断向法治化、制度化和现代化转型的过程。这也是我国实现全面依法治国的必然选择和必经过程。

第三，不断完善的乡村互助合作组织提高了乡村管理的自治能力和政治参与能力。乡村治理应当是形成以互助合作组织为基本单位的社会自治模式或生活状态。乡村管理的自治化应当给予人们更大的自主权，让人们根据自治组织内部的生存和发展需要，因时因地制宜地发展本组织内部的经济生产方式，自我管理本组织内部事务并对其行为承担法律责任或法律后果。一个社会的自治发展程度是一个社会成熟的重要标志。

随着我国依法治国的推进，乡村治理也正朝着新时代的趋势前进，正在逐步实现向法治化、制度化方向转型。但是，我国在依法推进法治国家、法治政府和法治社会建设的同时，不能采取"一刀切"的做法，还应当从乡村治理中发现、借鉴、吸收传统治理中的有益经验，并将这些有益经验融入依法治国的理念中来。这样才能真正建成具有中国特色的社会主义法治国家。

三、乡村治理中要注重汲取传统治理的有益资源

传统中国的乡村治理中无论是治理理念上还是治理规则中都有很多值得今天继续借鉴的资源，面对传统，不可全盘否定，也不能全面复古，而应该"取其精华，弃其糟粕"，要以史为鉴，古为今用。通过梳理历史变迁中的乡村治理制度及其理念，笔者认为可以从传统中国治理中汲取的资源主要有：

首先，治理理念上，积极学习弘扬"教化"思想。传统中国的统治者比较重视"教化"对基层民众的治理作用，使得民众形成了以"礼义廉耻"为内在规范，以"无讼、息诉"为外在形式的心理习惯。[①]中华民族自古以"和"为贵，法律所指向的核心是一致的，即以"和睦""合约""和谐"为基本原则的传统中国习惯法。[②]随着礼法结合的管理模式产生、发展，以"和"为主的精神在国家法中得以确立。这促进了乡村生产生活朝着相互扶助、睦邻友好的方向发展。这就从根源上减少了人们彼此之间的争讼，使得矛盾和冲突以更低成本、更便捷、更和谐的方式化解。我国在推进依法治国的道路中，随着人们法律意识的建立和强化，权利意识觉醒，与其而来的是"诉讼爆炸"，其中难免存在着大量的滥诉、虚假诉讼。这不仅浪费了大量的司法资源，还损害了司法的尊严和权威。因此，积极学习弘扬"教化"思想，继续发扬以"和"为贵的传

---

① 农淑英：《乡村传统文化现实境遇与发展机会——基于社会治理的视角》，《人民论坛》，2015年3月。
② 付微明：《习惯法精神及其中国传统乡村治理的作用和影响》，《暨南学报（哲学社会科学版）》，2013年第8期。

统文化对于解决我国现代司法界诸多难题有很多裨益。

其次，治理制度上，尊重乡土社会中的以"乡规民约"为代表的"活法"。埃利希认为，除了国家制定法之外，那些在现实社会生活中实际发挥作用的社会规则不仅大量存在，还对社会生活起着实际控制的作用，它是人类社会法律秩序的基础。他将这些在社会生活中实际发生作用的规则称为"行动中的法律"，也称"活法"。它主要包括现代规范法律文件和通过对生活、商业、习惯以及各种社会团体观察所得到的。

"乡规民约"的发展受到来自国家政权、乡贤群体和基层农民的共同影响，如果不能正确处理三者之间的关系，则"乡规民约"的发展可能朝着背离现代法治建设的进程方向。国家的正式制度和"乡规民约"的发展应当是相辅相成、协调互补的。虽然我国不同地域的"乡规民约"具有不同的内涵，但它们都是一个契约型和自律性的约束规范。[1]作为人们调控自我行为的方式之一，"乡规民约"能够填补法治建设的不足和法律制度的缺漏，而"乡规民约"的不足也应当由国家的正式制度加以补充。乡村自治互助组织形式为"乡规民约"的发展提供了组织保障，而我国的《村民委员会组织法》也给予了实现乡村自治的空间，为"乡规民约"的发展提供了制度保障。

最后，治理主体上，注重培育"新乡贤"为代表的各种

---

[1] 李利宏、杨素珍：《乡村治理现代化视阈中传统治理资源重构研究》，《中国行政管理》，2016年第8期。

结论：法治中国背景下乡村治理正在转型

群体，并主张多元参与治理。乡贤是本乡本土孕育和培养出来的杰出人物和优秀代表，他们与本土有着血浓于水的感情纽带和割舍不断的特殊联系。乡贤植根于本土适合生活，具有广泛的心理认知基础。他们不仅熟悉本乡本土的现实生活状况和根深蒂固的思想观念，同时还具有开阔的视野、创新能力和先进的思想观念。因此，在我国依法治国发展的进程中，我们应当努力恢复并营造乡贤群体参与现在乡村治理的良好氛围。同时，建立乡贤参与乡村治理的渠道和保障机制。[1]通过法治化和制度化推进乡贤参与乡村治理的积极性和规范化。但是，我们也应当建立健全乡贤参与乡村管理的风险防控机制。预防乡贤群体在参与乡村治理的过程中可能导致的人治风险和腐败风险。[2]

在当下的乡村管理中，以"乡规民约"为主的非正式制度与国家的正式制度共同发挥作用。人们以"嵌入"的方式在两种共存制度中选择自己的行为模式和生活方式。人们根据社会生活的需要采取不尽相同的理性选择和行动策略，他们倾向于采取"乡规民约"和制定法都认可的行为。然而，当二者出现不可调和的冲突时，人们便会在"形式上"采取符合国家制定法要求的行动策略，而"实质上"则采取行动规避正式制度，变通地采取更加符合"乡规民约"的行为方式和策略。

---

[1] 沈费伟遥、刘祖云：《精英培育、秩序重构与乡村复兴》，《人文杂志》，2017年第3期。
[2] 白现军、张长立：《贤群体参与现代乡村治理的政治逻辑与机制构建》，《南京社会科学》，2016年第11期。

四、在传统与现代化的冲突与融合中迎来农村新图景

现代法治文化是围绕平等、自由、正义、秩序、人权展开的，其本质特征是以人民为本、权利本位和权力制衡。在法治现代化不断发展的今天，任何文化的发展必须以传承的方式展开，做到"古为今用"。中华传统农耕文明历经千年的演变，逐渐形成了以"和"为贵的精神特质，并根植在人们内心深处，时刻作用在人们的思想观念和行为方式之上。我国传统农耕文明所孕育的文化不仅不应当被视为是现代法治发展的包袱，还应当作现代社会主义新农村建设和发展的重要资源。[①]现代乡村治理应当在传统农耕文明和现代法治文明的冲突和融合中不断发展完善。

首先，现代法治文化在强调个人主义的同时，还应当注重集体的价值，防止过分强调个人的自由权利而侵犯他人的自由权利。同时，还应当防止过分强调尊重个人权利而忽视公共权利的建设。传统农耕文明注重集体主义的精神在一定程度上起到修正的作用。

其次，现代法治在注重提高立案的规范化和科学性的同时，还用当注重非正式制度的建立。正式的国家制定法和非正式制度都应当纳入规范化、制度化、科学化的轨道上来，使二者互为补充、相辅相成，共同作用于人们社会生活的方方面面，共同影响人们的思维模式和行动方式。

[①] 邓大才：《中国乡村治理研究的传统及新的尝试》，《学习与探索》，2012年第1期。

结论：法治中国背景下乡村治理正在转型

再次，现代法治不仅应当严格按照司法程序解决纠纷，还应当不断丰富和完善多元解决纠纷机制。[①]严格司法程序是法治实施的保障，但随着法治文明的不断发展和深入，随之而来的"诉讼爆炸"问题一直困扰着司法实践的发展。案件积压使得纠纷的处理缺乏足够的时效性。因此，不断建立和完善多元纠纷解决机制也是现代法治发展的必然选择。

最后，建设法治社会的核心在于实现社会自治。在新乡村治理中实现村民自治，是现代法治文化和传统农耕文化相互融合的最好例证。村民实现自治的过程也是我国法治社会不断建设的过程。这也是建设社会主义法治国家和法治政府的题中之义。

总而言之，"当代中国的乡村治理是继承传统乡村治理模式基础上的一种超越，离不开治理主体、治理制度、治理思想三者的有机结合"。[②]我国在构建社会主义法治国家、法治政府和法治社会的进程中，决不能照搬西方的法治建设经验，而应当立足于我国的基本国情和根植于人们内心深处的传统文化。

---

① 任艳妮：《乡村治理主体围绕治理资源多元化合作路径探析》，《农村经济》，2011年第6期。
② 王梅琳、王腾：《当代中国乡村治理：基于传统治理模式现代转型的视角》，《哈尔滨市委党校学报》，2015年7月。

参考文献

中文著作类

[1]苏力.送法下乡：中国基层司法制度研究[M].北京：中国政法大学出版社，2000.

[2]王铭铭，王斯福主编.乡土社会的秩序、公正与权威[M].北京：中国政法大学出版社，1997.

[3]何勤华等.法治的追求[M].北京：北京大学出版社，2005（10）.

[4]亨廷顿.变化社会中的政治秩序[M].北京：华夏出版社，1988.

[5]费孝通.乡土中国[M].北京：北京大学出版社，1998.

[6]强世功.惩罚与法治：当代法治的兴起（1976—1981）[M].北京：法律出版社，2009.

[7]张艳国.国家治理与中国道路[M].北京：中国社会科学出版社，2015（10）.

[8]谢晖，陈金钊主编.民间法（第三卷）[M].山东：山东人民出版社，2004.

[9]谢地坤.哈贝马斯在华讲演集[M].北京：人民出版社，

2002.

[10]贺雪峰.乡村治理研究与村庄治理研究[M].载地方财政研究,2007.

[11]祁勇,赵德兴.中国乡村治理模式研究[M],山东:山东人民出版社,2014.

[12]黄宗智主编.中国乡村研究(第二辑)[M].北京:商务印书馆,2003.

[13]张岱年,方克立.中国文化概论[M].北京:北京师范大学出版社,2010.

[14]张健.中国社会变迁中的乡村治理研究[M].北京:中国农业出版社,2012.

[15]卓泽渊.法理学[M].北京:法律出版社,2009.

[16]于建嵘.岳村政治[M].北京:商务印书馆,2001.

[17]李松玉等.中国乡村治理的制度化转型研究[M].山东:山东人民出版社,2014.

[18]简又文.太平天国典制通考·上册[M].香港:香港简氏猛进书屋,1958.

[19]黄强.中国保甲实验新编[M].北京:中华书局,1935.

[20]孙伟宣.共和国风云四十年(1949—1989)[M].北京:中国政法大学出版社,1989.

[21]中共中央文献研究室编.三中全会以来重要文献选编[M].北京:人民出版社,1982.

[22]郑永流.转型中国的实践法律观——法社会学论集[M].北京:中国法制出版社,2009.

[23]贺雪峰.新乡土中国[M].北京：北京大学出版社，2013.

[24]唐亚林等.社会多元、社会矛盾与公共治理[M].上海：上海人民出版社，2015.

[25]郑杭生.当代中国农村社会转型的实证研究[M].北京：中国人民大学出版社，1996.

[26]刘智峰.国家治理论[M].北京：中国社会科学出版社，2014.

[27]刘祖云.中国社会发展三论：转型·分化·和谐[M].北京：社会科学文献出版社，2007.

[28]高其才.当代中国法律对习惯的认可研究[M].北京：法律出版社，2013.

[29]周庆智.县政治理——权威、资源、秩序[M].北京：中国社会科学出版社，2014.

[30]赵一红.中国村民自治制度中自制规章与国家法律关系研究[M].北京：中国社会科学出版社，2008.

[31]郑永流.转型中国的实践法律观——法社会学论集[M].北京：中国法制出版社，2009.

[32]沈湘平.理性与秩序：在人学的视野中[M].北京：北京师范大学出版社，2003.

[33]郑杭生.当代中国农村社会转型的实证研究[M].北京：中国人民大学出版社，1996.

[34]吴新叶.城市化进程中的农村社会管理研究[M].上海：上海世纪出版集团，2014.

[35]吴毅，吴克伟.转型中的治理[M].湖北：湖北人民出版

社，2009.

[36]柯武刚，史曼飞.制度经济学[M].北京：商务印书馆，2000.

[37]郑杭生主编.中国人民大学社会发展报告（1995）[M].北京：中国人民大学出版社，1996.

[38]刑建国等著.《秩序论》[M].北京：人民出版社，1992.

[39]张文显，李步云主编.法理学论丛第3卷[M].北京：法律出版社，2002.

[40]张文显主编.法学理论前沿论坛[M].吉林：吉林大学出版社，2001.

[41]肖北庚著.宪政法律秩序论[M].北京：中国人民公安大学出版社，2002.

[42]谢晖著.法学范畴的矛盾辨思[M].山东：山东人民出版社，2002.

[43]谢晖著.法律信仰的理念与基础[M].山东：山东人民出版社，1998.

[44]谢晖著.法的思辨与实证[M].北京：法律出版社，2001.

[45]孙国华主编.法理学教程[M].北京：中国人民大学出版社，1994.

[46]张树义著.中国社会结构变迁的法学透视[M].北京：中国政法大学出版社，2002.

[47]赵震江，付子堂著.现代法理学[M].北京：北京大学出版社，1999.

[48]赵震江主编.法律社会学[M].北京：北京大学出版社，

1999.

[49]雷振扬著.马克思主义社会发展理论与中国社会发展问题研究[M].北京：民族出版社，2002.

[50]谢晖，陈金钊主编.民间法[M].山东：山东人民出版社，2002.

[51]张树义.中国社会结构变迁的法学透视[M].北京：中国政法大学出版社，2002.

[52]徐秀丽.中国农村治理的历史与现状：以定县、邹平和江宁为例[M].北京：社会科学文献出版社，2004.

[53]徐勇等编.中国乡村：政治与秩序[M].北京：中国社会科学出版社，2012.

[54]郑杭生等编.中国社会发展研究报告2012[M].北京：中国人民大学出版，2013.

[55]吴素雄.政党下乡：吴村的逻辑[M].北京：中国社会科学出版社，2014.

[56]徐勇.非均衡的中国政治：城市与乡村比较[M].北京：中国广播电视出版社，1992.

[57]徐勇.乡村治理与中国政治[M].北京：中国社会科学出版社，2003.

[58]徐勇.中国农村村民自治[M].北京：华中师范大学出版社，1997.

[59]徐勇，项继权主编.村民自治进程中的乡村关系[M].北京：华中师范大学出版社，2003.

[60]徐勇，高秉雄主编.地方政府学[M].北京：高等教育出

版社，2005.

[61]项继权.外国农村基层建制[M].北京：华中师范大学出版社，1995.

[62]项继权.集体经济背景下的乡村治理[M].北京：华中师范大学出版社，2002.

[63]唐鸣等.村委会选举法律问题研究[M].北京：中国社会科学出版社，2004.

[64]于建嵘.岳村政治：转型期中国乡村政治结构的变迁[M].北京：商务印书馆，2001.

[65]吴毅著.村治变迁中的权威与秩序——20世纪川东双村的表达[M].北京：中国社会科学出版社，2002.

[66]贺雪峰.乡村治理的社会基础——转型期乡村社会性质研究[M].北京：中国社会科学出版社，2003.

[67]王国斌.转变的中国：历史变迁与欧洲经验的局限[M].江苏：江苏人民出版社，1998.

[68]赵秀玲.中国乡里制度[M].北京：社会科学文献出版社，1998.

[69]景跃进.当代中国农村"两委关系"的微观解析与宏观透视[M].北京：中央文献出版社，2004.

[70]景跃进.政治空间的转换：制度变迁与技术操作[M].北京：中国社会科学出版社，2004.

[71]张静主编.国家与社会[M].浙江：浙江人民出版社，1998.

[72]长静.基层政权：乡村制度诸问题[M].上海：上海人民出版社，2006.

[73]眺锐敏等.乡村治理中的村级党组织领导[M].北京：中国社会科学出版社，2004.

[74]金太军等.乡镇机构改革的挑战与对策[M].广东：广东人民出版社，2005.

[75]胡必亮.中国村落的制度变迁与权力分配[M].山西：山西经济出版社，1996.

[76]贺雪峰.新乡土中国.北京：北京大学出版社，2013.

[77]郑欣.乡村政治中的博弈生存[M].北京：中国社会科学出版社，2005.

[78]白钢，赵寿星.选举与治理[M].北京：中国社会科学出版社，2001.

[79]何怀宏.世袭社会及其解体[M].北京：生活·读书·新知三联书店，1996.

[80]邓正来.国家与社会——中国市民社会研究[M].四川：四川人民出版社，1998.

[81]牛铭实.中国历代乡约[M].北京：中国社会出版社，2005.

[82]郭正林.中国农村权力结构[M].北京：中国社会科学出版社，2005.

[83]俞可平.治理与善治[M].社会科学文献出版社，2000.

[84]俞可平.社群主义[M].北京：中国社会科学出版社，1998.

[85]李德芳.民国乡村自治研究[M].北京：人民出版社，2001.

[86]高其才.中国习惯法论[M].湖南：湖南出版社，1995.

[87]梁漱溟.乡村建设理论[M].上海：上海人民出版社，2006.

[88]梁治平著.清代习惯法——社会与国家[M].北京：中国政法大学出版社，1996年版.

[89]秦晖.传统十论[M].上海：复旦大学出版社，2004.

[90]张鸣.乡村社会权力和文化结构的变迁（1903-1953）[M].广西：广西人民出版社，2001.

[91]王先明.近代绅士——一个封建阶层的历史命运[M].天津：天津人民出版社，1997.

[92]费孝通，吴晗等.皇权与绅权[M].湖南：岳麓书社，2012.

[93]梁漱溟.乡村建设理论[M].上海：上海人民出版社，2011.

[94]吴毅.村治变迁中的权威与秩序——20世纪川东双村的表达[M].北京：中国社会科学出版社，2002.

[95]吴毅，吴淼.村民自治在乡土社会的遭遇——以白村为个案[M].北京：华中师范大学出版社，2003.

[96]吴毅.小镇喧嚣——一个乡镇政治运作的演绎与阐释[M].北京：生活·读书·新知三联书店，2007.

[97]贺雪峰.中国村治模式：若干案例研究[M].山东：山东人民出版社，2008.

[98]董磊明.宋村的调解——巨变时代的权威与秩序[M].北京：法律出版社，2008.

[99]张厚安,徐勇,项继权等.中国农村村级治理——22个村的调查与比较[M].北京:华中师范大学出版社,2000.

[100]应星.大和移民上访的故事[M].北京:生活·读书·新知三联书店,2001.

[101]徐勇.中国农村村民自治[M].北京:华中师范大学出版社,1997.

[102]苏力.法治及其本土资源[M].北京:中国政法大学出版社,1996.

[103]王铭铭.村落视野中的文化与权力[M].北京:生活·读书·新知三联书店,1997.

[104]梁治平.乡土社会的秩序、公正与权威[M].北京:中国政法大学出版社,1997.

[105]王沪宁.当代中国村落家族文化[M].上海:上海人民出版社,1991.

[106]贺雪峰.乡村的前途[M].山东:山东人民出版社,2007.

[107]袁伟时.文化与中国转型[M].浙江:浙江大学出版社,2012.

[108]金耀基.从传统到现代[M].北京:中国人民大学出版社,1999.

[109]朱宇.中国乡域治理结构:回顾与前瞻[M].黑龙江:黑龙江人民出版社,2006.

[110]梁漱溟.中国之地方自治问题[M].北京:乡村建设研究院出版,1935.

[111]梁漱溟.梁漱溟全集[M].山东：山东人民出版社，1995.

[112]武树臣.中国传统法律文化[M].北京：北京大学出版社，1994.

学位论文类

[113]吕德文.治理钉子户——农村治理中的权力与技术[D].北京：华中科技大学博士学位论文库，2009：

[114]苗树彬.公共服务视角下的中国乡村治理研究[D].北京：华中科技大学硕士学位论文库，2008：

[115]王娜.我国城乡信息鸿沟问题分析与对策研究[D].黑龙江：东北财经大学硕士学位论文库，2010：

[116]郭相宏.失范与重构——转型期乡村关系法治化研究[D].重庆：西南政法大学博士学位论文库，2008：

[117]吴群凤.法理学视角下的中国乡村法治化探索[D].重庆：西南政法大学硕士学位论文库，2012：

[118]李晓南."半熟人社会"背景下中国乡村治理问题探析[D].吉林：吉林大学硕士学位论文库，2012：

[119]张书丽.改革开放以来我国乡村治理探究[D].北京：信阳师范学院硕士学位论文库，2012：

[120]蔡青伟.中国共产党农村社会治理的基本特点[D].重庆：西南交通大学博士学位论文库[D].2014：

[121]侯春杰.清代乡规民约对当代村规民约的影响[D].北京：中国政法大学硕士学位论文库，2007：

论文类

[122]张恒山.略论文明转型[J].学术交流，2010.12.

[123]贺雪峰.论理想村级组织的制度基础[J].政治学研究，1998.3.

[124]贺雪峰.论村庄社会关联——兼论村庄秩序的社会基础[J].中国社会科学，2002.3.

[125]贺雪峰.农民上访、村庄整治与社会科学主体性[J].法律与社会科学，2012.10.

[126]贺雪峰，董磊明，陈柏峰.乡村治理研究的现状与前瞻[J].学习与实践，2007.8.

[127]陈柏峰，董磊明.乡村治理的软肋：灰色势力[J].经济体制比较，2009.3.

[128]金太军.村庄治理中三重权力互动的政治社会学分析[J].战略与管理，2002.2.

[129]狄金华.单向度的法治——河镇法律下乡三十年的回顾与反思[J].法律与社会科学，2012.10.

[130]赵秀玲.信息化促进乡村治理方式的转型[J].中国社会科学报，2016.9.

[131]车霞等.信息化对农村居民生活方式影响的研究报告——以南京市浦口区W村为例[J].农村经济与科技，2016.17.

[132]谷显明.农耕文明裂变下的乡村伦理叙事[J].中国文学研究，2016.2.

[133]徐晓全.当代中国乡村治理结构研究：现状与评析[J].领导科学，2014.3.

[134]李松玉.当代中国乡村社会治理的制度化转型[J].东岳论丛，2013.2.

[135]李里峰.革命与乡村——土地改革前后华北乡村权力的变迁[J].广东社会科学，2013.3.

[136]孙亚山."半熟人社会"背景下的中国乡村治理主体研究综述[J].经济研究导刊，2015.8.

[137]熊烨，凌宁.乡村治理秩序的困境与重构[J].重庆社会科学，2014.6.

[138]农淑英.乡村传统文化现实境遇与发展机会——基于社会治理的视角[J].人民论坛，2015.3.

[139]付微明.习惯法精神及其对中国传统乡村治理的作用和影响[J].暨南学报(哲学社会科学版)，2013.8.

[140]李利宏，杨素珍.乡村治理现代化视阈中传统治理资源重构研究[J].中国行政管理，2016.8.

[141]沈费伟，刘祖云.精英培育、秩序重构与乡村复兴[J].人文杂志，2017.3.

[142]白现军，张长立.贤群体参与现代乡村治理的政治逻辑与机制构建[J].南京社会科学，2016.11.

[143]王海涛，崔荣军.农耕文明的变迁与中国法治之路[J].山东农业大学学报(社会科学版)，2003.3.

[144]黄爱教.论乡村治理方式的转向——从乡规民约到作为社会生活方式的法治[J].新农村建设研究，2007.1.

[145]张金萍.农村合作经济组织发展简析[J].农村经济，2005.1.

[146]王梅琳，王腾.当代中国乡村治理：基于传统治理模式现代转型的视角[J].哈尔滨市委党校学报，2015.7.

[147]李晓.中国法治道路模式的成因分析[J].文化研究，2016.1.

[148]邓大才：中国乡村治理研究的传统及新的尝试[J].学习与探索，2012.1.

[149]任艳妮.乡村治理主体围绕治理资源多元化合作路径探析[J].农村经济，2011.6.

[150]罗长寿，刘鹏等.发展农村信息化，促进农村经济发展[J].现代化农业，2005.5.

[151]吕云涛.中国乡村治理结构的历史变迁与未来走向[J].山东省农业干部管理学院学报，2010.2期

[152]翟志勇.民族国家与法律政策——论普法的语境、困境与意蕴[J].载许章润主编.历史法学.（第一卷），法律出版社，2008.

[153]江国华等.从人治到法治——乡村治理模式之变革[J].江汉大学学报，2007.12.

[154]蒋永甫.乡村治理：回顾与前瞻——农村改革三十年来乡村治理的学术史研究[J].宝鸡文理学院学报，2009.2.

[155]丁元竹.关于建立和完善社会管理体制的若干思考[J].江海学刊，2007.5.

[156]郭学德.试论中国的"政府推进型"法治道路及其实

践中存在的问题[J].郑州大学学报，2001.1.

[157]胡旭晟.我们为什么需要法治——与民众一道思考[J].清华法治论衡第三辑，清华大学出版社，2002.

[158]秦晖.传统中华帝国的乡村基层控制：汉唐间的乡村组织[J].黄宗智主编.中国乡村研究(第一辑)，北京：商务印书馆，2003.

外文译著类

[159]【美】林南，张磊译.社会资本.关于社会结构与行动的理论[M].上海：上海人民出版社，2005.

[160]【美】罗伯特·杰克曼，欧阳景根译.不需要国家的权力：民族国家的政治能力[M].天津：天津人民出版社，2005.

[161][美]弗兰西斯·福山.大分裂——人类本性与社会秩序的重建[M].北京：中国社会科学出版社，2002.

[162]【德】马克斯.韦伯，王容芬译.儒教与道教[M].北京：商务印书馆，1995.

[163]【美】黄宗智.华北的小农经济与社会变迁[M].北京：中华书局，1986.

[164]【美】李怀印.华北村治——晚晴和民国时期的国家与乡村[M].北京：中华书局，2008.

[165]【美】杜赞奇，王福明译.文化、权力与国家——1900—1942年的华北农村[M].江苏：江苏人民出版社，2004年版.

[166]【美】瞿同祖，范忠信译.清代地方政府[M].北京：法

律出版社，2003.

[167]【德】萨维尼，许章润译.论立法和法学的当代使命[M].北京：中国法制出版社，2001.

[168]【美】博登海默，邓正来译.法理学：法律哲学与法律方法[M].北京：中国政法大学出版社，1999.

[169]【美】伯尔曼，贺卫方译.法律与革命——西方法律传统的形成[M].北京：中国大百科全书出版社，1993.

[170]【美】哈罗德.J.埃里克森，苏力译.无须法律的秩序[M].北京：中国政法大学出版社，2003.

[171]【英】埃德蒙·柏克.蒋庆、王瑞昌、王天成译.自由与传统[M].北京：商务印书馆，2001.

[172]【英】卡尔·波兰尼著，冯刚、刘阳译.大转型：我们时代的政治与经济起源[M].浙江：浙江大学出版社，2007.

[173]【美】布莱克编，杨豫等译.比较现代化[M].上海：上海译文出版社，1996.

[174]【美】亨廷顿，李盛平、杨玉生、李培华、张来明译.变革社会的政治秩序[M].北京：华夏出版社，1996.

[175]【德】弗里德里希·卡尔·冯·萨维尼，许章润译.论当代立法和法理学的使命[M].北京：中国法制出版社，2001.

[176]【美】威尔，吉姆利卡、威尼，诺曼.公民的回归[M].江苏：江苏人民出版社，2003.

[177]【美】詹姆斯.博曼著，黄相怀译，公共协商：多元主义、复杂性与民主[M].北京：中央编译出版社，2006.

[178]【法】托克维尔著,董果良译.论美国的民主[M].北京:商务印书馆,1993.

[179]【美】庞德.通过法律的社会控制[M].北京:商务印书馆,1984.

[180]【美】R. M. 昂格尔.现代社会中的法律[M].北京:译林出版社,2001.

[181]【美】詹姆斯·K. 汤森等,顾束、董方译.中国政治[M].江苏:江苏人民出版社,1994.

[182]【美】约翰·罗尔斯.正义论[M].北京:中国社会科学出版社,1988.

[183]【美】丹尼尔·贝尔.资本主义文化矛盾[M].北京:生活·读书·新知三联书店,1989.

[184]【奥】凯尔森.法与国家的一般理论[M].北京:中国大百科全书出版社,1999.

[185]【苏】雅维茨.法的一般理论——哲学和问题[M].辽宁:辽宁出版社,1986.

[186]【日】谷口安平,王亚新等译.程序的正义与诉讼[M].北京:中国政法大学出版社,2002.

[187]【美】C.曼特扎维诺斯,梁海音等译.个人、制度与市场[M].长春:长春出版社,2009.

[188]【美】张仲礼.中国绅士——关于其在19世纪中国社会作用的研究[M].上海:上海社会科学出版社,1991.

[189]【美】施坚雅,史建云、徐秀丽译.中国农村的市场和社会结构[M].北京:中国社会科学出版社,1994.

[190]【德】尼克拉斯·卢曼，瞿铁鹏、李强译.信任[M].上海：上海世纪出版集团，2000.

[191]【美】彼得·布劳，孙非、孙黎勤等译.社会生活中的交换与权力[M].华夏出版社，1988.

[192]【以】艾森斯塔特，阎步克译.帝国的政治体系[M].贵州：贵州人民出版社，1992.

[193]【美】亨廷顿，王冠华等译.变化社会中的政治秩序[M].北京：生活·读书·新知三联书店，1989.

[194]【德】黑格尔，范扬，张企泰译.法哲学原理[M].北京：商务印书馆，1979.

[195]【德】哈贝马斯.在事实和规范之间[M].北京：生活·读书·新知三联书店，2003.

[196]【美】约翰·罗尔斯，何怀宏、何包钢、廖申白译.正义论[M].北京：中国社会科学出版社，1988.

[197]【德】J·哈贝马斯，刘北成、曹卫东译.合法化危机[M].上海：上海人民出版社，1986.

[198]【美】戴维·伊斯顿，王浦劬译.政治生活的系统分析[M].北京：华夏出版社.1998.

[199]【英】迈克曼，刘北成、李少军译.社会权力的来源[M].上海：上海人民出版社，2002.

[200]【德】哈贝马斯，曹卫东、王晓珏、刘北城、宋伟杰译.公共领域的结构转型[M].北京：学林出版社，1999.

[201]【德】哈贝马斯，洪佩郁、蔺青译.社会交往理论（卷二）[M].重庆：重庆出版社，1994.

[202]【英】安东尼.吉登斯,李康、李猛译.社会的构成[M].北京:生活·读书·新知三联书店,1998.

[203]【美】西奥多·W.舒尔茨,梁小民译.改造传统农业[M].北京:商务印书馆,2003.

[204][美]马若孟,史建云译.中国农民经济[M].江苏:江苏人民出版社,1999年版.

[205]【美】迈斯纳,杜浦、李玉玲译.毛泽东的中国及后毛泽东的中国[M].四川:四川人民出版社,1992.

[206]【美】E.A.罗斯.社会控制[M].北京:华夏出版社,1989.

[207]【美】曼瑟尔.奥尔森,陈郁等译.集体行动的逻辑[M].上海:上海三联书店,2006.

[208]【德】马克斯·韦伯,李强译.经济、诸社会领域及权力[M].北京:生活·读书·新知三联书店,1998.

[209]【英】戴维.毕瑟姆,张毅译.官僚制[M].吉林:吉林人民出版社,2005.

[210]【德】马克斯·韦伯,康乐、简惠美译.支配社会学[M].广西:广西师范大学出版社,2004.

[211]【美】L.科塞,孙立平译.社会冲突的功能[M].北京:华夏出版社,1989.

[212]【德】柯武刚、史漫飞,韩朝华译.制度经济学——社会秩序与公共政策[M].北京:商务印书馆,2000.

[213]【法】古斯塔夫.勒庞,冯克利译.乌合之众——大众心理研究[M].北京:中央编译出版社,2000.

[214]【美】弗里德曼、毕克伟、塞尔登，陶鹤山译.中国乡村，社会主义国家[M].北京：社会科学文献出版社，2002.

[215]【美】费正清，刘尊棋译.伟大的中国革命（1800—1985年）[M].北京：世界知识出版社，2003.

[216]【美】费正清，张理京译.中国：传统与变迁[M].北京：世界知识出版社，2002.

外文文献原著原文

[217]Paul Nixon, Vassiliki N.Koutrakou, E-government 2n Europe: Re-booting the State, Oxen: Routlege, 2007.

[218]Suree Funilkul, Wichian Chutimaskul, "The Framework for e-Democracy Development", Transforming Government: People, Process and Policy, V01.3 No.1, 2009.